과학 재판을
시작합니다

KB019387

과학의 시대에 필요한 새로운 법을 상상할 시간

# 과학 재판을 시작합니다

양지열 지음

다른

# 어서 오세요! 과학법원에

# 저는 인공지능
# 법정 도우미 난달이에요

접속을 환영합니다!

저는 이 법정의 도우미를 맡은

인공지능(AI) '난달'이에요.

"길이 여러 갈래로 통한 곳"이라는 뜻의 우리말 이름이랍니다.


원활한 재판이 이루어지도록 참가자들의

통신 및 데이터베이스, 온라인 송출까지

모두 법정 도우미인 제가 관리하고 있습니다.

# 이곳은 차원이 다른 혼합현실 법정이에요

가상현실 + 실제 현실
= 혼합현실

우리 법원은 세계 최초로 "가상현실(VR: Virtual Reality)과 실제 현실을 결합"한 혼합 현실(MR: Mixed Reality)로 운영합니다.

재판부와 원고, 피고, 배심원단은 각자 자신의 '실제' 공간에 머물면서, 동시에 과학법원의 '가상' 재판장에 모이게 됩니다. 법정에서 주고받는 대화와 제출되는 서류들은 현실에서처럼 이루어지고요. 헤드셋이나 모니터로 재판을 지켜보는 방청객 여러분 역시 실제 법정과 차이를 느끼기 어려울 겁니다.

과학법원을 혼합현실로 운영하는 이유는 국민 누구나 재판을 생생하게 방청할 수 있도록 하기 위해서예요!

# 과학기술 때문에 곤란하다면 과학법원으로 오세요

과학기술의 발달로 인류의 생활 환경은 하루가 다르게 바뀌어 가고 있지요. 기존의 법률과 재판 제도로는 감당하기 어려운 과학기술과 관련된 사건들이 계속해서 벌어지고 있습니다. 이런 상황에 대응하기 위한 결단으로 이 과학법원을 만들게 되었습니다.

현직 판사와 함께 분야별 전문가 100인이 사건의 종류에 따라 특별 재판관으로 참가하고요. 최종 판결은 미리 선정한 국민 배심원 20인의 뜻에 따른답니다. 더불어 마땅한 법률이 없는 상태에서 이루어진 판단에 대해, 향후 국회는 그에 따른 법률을 만들어야 할 의무가 있습니다.

# 첫 재판을
# 시작합니다

과학법원은 취지에 맞게끔 국민 누구나 온라인 방송을 통해 재
판을 지켜볼 수 있도록 했는데요. 화면의 오른쪽 위에서 빙글빙
글 돌고 있는 아이콘이 보이나요?

이 아이콘은 세종대왕님이 만든 천체 관측기구 '혼천의'를 본뜬
거예요. 세계를 뛰어넘어 우주로 향하는 대한민국을 상징한답니
다. 언제든 도움이 필요하면 혼천의를 눌러 주세요.

마침 오늘이 첫 번째 재판이 열리는 날이랍니다. 이제 얼마 안
남았네요.

9분 58초,

9분 57초,

9분 56초…

**차례**

**제1호**

# AI가
# 제 얼굴을
# 훔쳤어요

#인공지능 #딥페이크 #저작권

## 제6호
# 초록색 눈의
# 아이를 원해요

#생명윤리법 #유전자편집 #인공자궁

제 1 호

# AI가 제 얼굴을 훔쳤어요

# 사건 내용

## 저작권 침해 손해배상을 청구합니다

원고

장주원(신인 배우)
강현지(작가)

피고

〈캡틴 코리아〉
제작사

난달의 카운트다운이 끝나자 동시에 모두의 눈앞에 거짓말처럼 법정이 펼쳐졌습니다. 정면에 법복을 입은 판사 세 명이 살짝 높은 법대에 서 있는 모습이 보였습니다. 그들을 마주하고 원고 측과 피고 측도 각각 서 있었죠. 여기까지는 실제 법정과 같았습니다. 하지만 이곳은 지금까지와는 차원이 다른 과학법원! 현실이라면 방청객에게는 뒷모습만 보였을 원고와 피고의 얼굴이 대형 멀티 스크린을 통해 생생하게 전달되고 있었습니다. 그뿐 아니라 배심원들은 각자 1인용 캡슐을 타고 공중에 있는 배심원석에 둥둥 떠 있었습니다. 모든 상황을 전체적으로 파악할 수 있게 말이죠.

AI가 제 얼굴을 훔쳤어요

"지금부터 재판을 시작하겠습니다. 모두 자리에 앉아 주십시오!"

난달이 낭랑한 목소리로 안내했습니다. 현실에서 법정 경위가 하는 역할을 대신하고 있는 건데요. 판사들은 어쩐지 긴장된 표정을 감추지 못하고 있었습니다. 가운데 자리에 먼저 앉은 재판장의 나지막한 목소리가 이어졌습니다.

"접속자가 100만 명이 넘었네. 진짜 법정이라면 아무리 많아야 100명 남짓인데… 이거 뭐라더라, 유명 인플루언서라도 된 기분인데, 허허."

혼잣말로 여겼던지 재판장은 자신의 목소리가 법정 안에 울려 퍼진다는 걸 깨닫고 흠칫 놀라고 말았습니다. 방청석 쪽에서는 사람들이 실제 있는 듯 가벼운 웃음소리가 들려 왔습니다. 양옆에 앉은 판사들도 웃음을 간신히 참는 표정이었고요. 다행히 오랜 경력을 증명하듯 재판장은 금세 어수선한 법정을 노련하게 정리하기 시작했습니다.

"큼큼, 정말 놀랍지요? 가상현실이 이만큼이나 발전을 했네요! 여러분 못지않게 재판장인 저 역시 오늘 이 자리가 무척 감탄스럽습니다. 상상조차 못 했던 일들이 우리 앞에 이렇게 펼쳐지고 있으니까요."

이 말에 공감한다는 듯 방청석에서 조그만 탄식이 들려 왔습니다.

"지금부터 역사적인 과학법원 제1호 사건의 개정을 선포합니다. 원래 판사가 재판을 시작하면서 먼저 입을 여는 경우는 극히 드뭅니다. 다만 이 사건 재판은 원고와 피고 사이의 갈등을 해결하는 것 이상의 가치를 만드는 일이어야 합니다. 대한민국 과학의 미래를 돕는 판결이 되어야 하지요.
이를 위해 저를 비롯한 세 명의 판사가 배심원단과 최선을 다하겠습니다. 방청하시는 국민 여러분께서도 함께 지켜보며 뜻을 모을 수 있도록 도와주십시오."

그러자 이 말이 나오길 기다린 것처럼 박수 소리가 법정 안을 가득 메웠습니다. 재판장은 소리가 잦아지길 기다렸다가 이내 다시 입을 열었습니다.

"이제 본격적으로 재판을 시작하겠습니다. 원고 측과 피고 측 모두 출석했지요? 먼저 원고 측 변호인, 제출한 소장에서 주장하고 있는 요지를 설명해 주시지요."

AI가 제 얼굴을 훔쳤어요

법대 오른편에 설치한 멀티 스크린에 자료가 떠올랐습니다. 그와 동시에 원고의 대리를 맡은 변호사가 변론을 하기 위해 자리에서 일어났습니다. 혼합현실 덕분에 판사들과 방청객 모두 변호사의 얼굴을 정면으로 볼 수 있었죠. 순식간에 모두가 사건 내용에 집중하기 시작했습니다.

# 원고와 피고

## 변론을 시작합니다

---

# 1

**원고**
우리는 무명 배우, 신인 작가입니다

---

스크린에 등장한 것은 전 세계적으로 큰 인기를 끌고 있는 배우였습니다. 얼마 전 한 OTT에서 초대박 흥행을 일으킨 드라마 〈캡틴 코리아〉의 주인공이기도 했는데요. 뜻밖의 인기 스타가 스크린에 등장하자 방청객들은 웅성거리기 시작했습니다.

이어 〈캡틴 코리아〉의 또 다른 캐릭터를 맡은 배우가 등장하자 법정은 더욱 크게 소란스러워졌습니다. 이 배우는 극 중에서 평범한 시민이 빌런으로 변해 가는 연기로 주인공 못지않은 큰 인기를 모으고 있었거든요. 잠시 소란이 가라앉기를 기다리던 원고 측 변호사가 입을 열었습니다.

"재판장님, 지금 보신 것처럼 많은 방청객 여러분이 〈캡틴

AI가 제 얼굴을 훔쳤어요

코리아〉의 주인공과 빌런, 두 캐릭터를 연기한 배우들을 똑같이 알아보고 있습니다. 그런데 우리의 원고 장주원 씨가 다름 아닌 이 빌런 캐릭터를 맡고 있는 배우입니다. 드라마 1회부터 등장했는데요. 점점 비중이 늘어 이제는 주인공과 비슷한 분량을 차지하고 있습니다. 시즌 2는 아예 장주원 씨 캐릭터를 중심으로 만들어질 거라는 보도도 나오고 있고요.″

변호사가 이야기하는 내내 스크린에는 원고 장주원의 얼굴을 한 빌런 캐릭터가 열연을 펼치는 모습이 흐르고 있었습니다. 모두 〈캡틴 코리아〉 속의 장면들이었어요.

″하지만 원고는 실제 촬영장에서 연기를 선보인 사실이 없습니다. 약 1년 전 소속사가 아르바이트 삼아 소개한 피고 회사의 스튜디오에서 울고, 웃고, 떠드는 표정을 촬영했을 뿐입니다. 모션캡처용 의상을 입고선 시키는 대로 팔다리를 휘둘렀다고 합니다. 반나절가량 촬영을 마친 다음에는 초등학교 1학년 국어 교과서를 읽었습니다. 그게 전부입니다. 원고는 그날 하루치 일당을 받고 '촬영본을 피고 회사의 동영상 소스로 사용해도 된다'는 내용의 서류에 서명을 했습니다.″

방청석이 다시금 소란스러워졌습니다. ″정말?″ ″그게 가능해?" 같은 말들이 소곤소곤 들렸습니다. 정숙해 달라는 듯 재판장이 헛기침을 했습니다.

"몇 달이 지나 OTT에서 자신의 모습을 발견한 원고는 당황할 수밖에 없었습니다. 자신이 마구잡이로 사람들을 해치고 다니는 악당으로 나오고 있었으니까요. 그 모습은 피고 회사의 영상 생성 인공지능 프로그램이 원고가 하루 동안 찍은 동영상 소스를 가지고 만들어 낸 딥페이크[1]였습니다. 이는 원고 장주원 씨가 배우로서 원했던 역할이 결코 아니었습니다."

| 1 딥페이크(deepfake) | ✕ |
| --- | --- |
| AI 기술을 이용해 만들어 낸 가짜 사진 또는 영상을 뜻합니다. 인간의 두뇌를 흉내 내 컴퓨터가 스스로 학습한다는 뜻의 딥러닝(deep Learnig)과 가짜(fake)를 묶은 단어인데요. 널리 알려진 유명인의 영상과 다른 사람의 얼굴을 합성하는 일이 문제로 지적되기도 합니다. | |

이번에는 방청석이 아닌 피고석에서 "쩝" 하고 입맛을 다시는 소리가 작게 들려 왔습니다.

"게다가 원고는 흥행에 따른 경제적 이익조차 얻을 수 없었습니다. 피고 회사는 1년 전 지급했던 일당 말고는 더 이상 지급할 의무가 없다고 합니다. 지금 원고는 오랜 무명 생활에서 벗어났지만 〈캡틴 코리아〉에 등장한 모습 때문에 악역 배우로서의 이미지만 굳어졌습니다. 또한 AI가 만든 연기로 〈캡틴 코리아〉에 나왔다는 사실이 알려져 다른 작품 섭외도 들어오지 않고 있

AI가 제 얼굴을 훔쳤어요

습니다."

피고는 자리를 고쳐 앉으며 자신의 변호사에게 마뜩잖다는 눈짓을 하고 있었습니다. 원고 측 변호사는 짧게 숨을 고른 후 변론을 이어 나갔습니다.

"한편, 또 다른 원고 강현지 씨는 이 드라마의 세계관과 등장인물들을 창작한 작가입니다. 양자 세계를 통해 시공간을 넘나들며 대한민국 현대사를 뒤바꾸려는 빌런과 이에 맞선 주인공이 이 드라마 세계관의 핵심입니다. 강현지 씨는 작가 데뷔를 준비하며 오랜 기간에 걸쳐 장편 드라마를 써왔습니다. 그러던 중 피고 회사의 단편 시나리오 공모전에 이 장편 드라마의 1회분에 해당하는 내용을 따로 정리해 응모했고요. 공모전 3위에 선정되어 소정의 상금을 받았습니다."

판사 중 한 명이 고개를 끄덕이며 어떤 상황인지 알겠다는 표정을 지었습니다.

"원고는 피고 회사가 자신의 작품으로 드라마를 제작하기로 했다는 소식에 너무나 기뻤습니다. 오랜 노력이 비로소 결실을 거둔 줄 알았지요. 하지만 일이 엉뚱한 방향으로 흘러갔습니

생성형 인공지능(generative AI) ✕

이미 만들어진 문서, 음향, 그림, 영상을 인공지능이 학습한 다음 그걸 활용해 새로운 콘텐츠를 만들어 내는 기술입니다. 숙제를 하면서 필요한 자료를 검색하는 정도가 아니라, 아예 처음부터 이러저러한 내용으로 숙제를 해달라고 할 수 있습니다. 특정 가수의 목소리를 배우도록 한 다음 원하는 노래를 그 가수가 부른 것처럼 재생할 수도 있어요.

다. 피고 회사가 생성형 인공지능[2]으로 〈캡틴 코리아〉의 시나리오를 쓴 것이었습니다. 원고가 만든 세계, 캐릭터들을 이용해 생성형 인공지능이 완전히 다른 내용을 만들어 낸 것이죠.

이미 인기 드라마로 방송 중인 탓에 원고가 쓴 장편 드라마의 나머지 시나리오는 쓸모가 없어졌습니다. 하지만 피고 회사는 원고 강현지 씨에 대해서 역시 이미 지급한 공모전 상금 이외의 비용을 지급할 의무가 없다고 합니다."

변호사는 재판장을 향해 다음과 같이 힘주어 말했습니다.

"이에 원고 장주원은 자신의 '초상권', '음성권', 나아가 '퍼블리시티권'에 관한 정당한 대가를 지급할 때까지 피고 회사의 드라마 방영 중지를 청구하고자 합니다. 또한 원고 강현지는 시나리오 저작권에 대한 정당한 대가를 지급할 때까지 역시 피고 회사의 드라마 방영 중지를 청구합니다."

변론이 끝나자 재판장이 다음 순서를 진행했습니다.

"잘 들었습니다. 원고들은 각자 주장을 뒷받침할 수 있는 증거를 제출해 주시기 바랍니다. 본 법원에 제출한 증거들은 다른 재판과 달리 국민 모두가 열람할 수 있다는 점 유의하시고요. 공개에 동의하지 않는 증거들은 꼭 알려 주시기 바랍니다.

그럼, 피고 측 대리인 답변하시겠습니까?"

피고 측 변호사가 천천히 자리에서 일어나고 그에 맞춰 스크린 속의 자료도 바뀌었습니다. 누구나 한 번쯤 봤을 법한 상품 광고, 유명 게임의 배경과 캐릭터, 그리고 〈캡틴 코리아〉의 제작 과정을 담은 영상들이 번갈아 비치고 있었습니다. 잠시 함께 지켜보던 변호사가 무겁게 입을 뗐습니다.

"존경하는 재판장님, 배심원 여러분, 그리고 함께하고 계신 국민 여러분, 지금 보신 영상에서 익숙한 장면들이 있지 않은가요? 피고 회사는 원래 드라마 제작사가 아닙니다. 영화, 드라마는 물론 뮤직비디오, 게임, 광고, 교육을 비롯한 다양한 분야의 영상 제작에 쓰이는 소프트웨어 개발 회사입니다. 그동안 쌓아 왔던 노하우와 데이터베이스를 기초로 생성형 인공지능 프로그램을 개발했지요. 그 가능성을 엿보기 위해 '주식회사 캡틴 코리아'를 별도로 설립해 문제의 드라마를 만들었던 겁니다. 결과는 여러분 모두 아시다시피 대성공이었습니다."

변호사는 계속해서 간곡한 투로 말을 이어 갔습니다.

"재판장님께서는 이 재판을 시작하면서 대한민국 과학의 미래를 도와야 한다고 말씀하셨습니다. 피고 회사의 이번 성공은 단지 드라마 한 편에 그치지 않습니다. 생성형 인공지능은 우리의 상상 그 이상입니다. 이미 세계적인 명성을 얻고 있는 'K-컬처'가 더욱더 활짝 날개를 펼 수 있는 강력한 수단을 얻은 것입니다. 배우, 가수에게 스스로 깨닫지 못하고 있는 장점들을 찾아 주고 세계 시장으로 진출할 수 있게 도울 것입니다. 그런 관점에서 이 사건을 바라봐 주시기 바랍니다.

원고들의 개인적인 사정에 관해서는 안타깝게 생각합니다. 다만 피고 회사는 어디까지나 동의를 얻은 후 원고 장주원의 초상, 음성을 이용했습니다. 딱히 배우로서의 연기를 요구하지도 않았습니다. 장주원 씨 개인의 능력이 아닌 그 외모를 소재로 딥페이크를 만들어 냈고, 그 결과가 〈캡틴 아메리카〉의 빌런이었습니다. 당장은 아니더라도 '원본'인 인간 장주원 씨의 꿈을 이루는 데에도 큰 도움이 될 것입니다.

원고 강현지 씨 역시 마찬가지입니다. 피고 회사는 이미 시나리오 공모 과정에서 제출한 내용을 가공할 수 있다는 사실을 알렸습니다. 더구나 세계관, 등장인물만을 빌려 왔을 뿐 드라마의 내용은 원고의 시나리오와 무관합니다. 또한 원고에게 장편 시나리오가 있다는 사실을 피고 회사는 알 수도 없었고, 저작권을 침해하지도 않았습니다. 지금의 〈캡틴 코리아〉는 피고 회사의 정당한 창작물일 따름입니다.

다만 피고 회사는 원고들이 겪고 있는 어려움을 돕고자 별도의 해결책을 마련할 것을 모두가 지켜보고 있는 이 자리에서 약속드립니다. 이상입니다!"

변론을 마친 피고 측 변호사는 개운하다는 표정을 지었습니다. 이로써 과학법원의 첫 번째 재판이 끝났습니다. 재판장은 원고에게 했던 것과 마찬가지로 피고에게도 주의사항을 알려 주었습니다. 또한 다음 재판 날짜를 지정하고, 양쪽이 신청한 증인들이 나올 것이라고 예고했습니다. 마지막으로 법정 도우미 난달을 통해 배심원단과 방청객들 역시 필요한 자료를 볼 수 있다고 안내했지요. 이윽고 폐정이 선언되었습니다.

# 법정 도우미

## 법적 쟁점을 알려 드립니다

"딩동!"

증인들이 출석했던 두 번째 재판이 끝난 다음 날 배심원들의 스마트폰에 알림이 울렸습니다. 평결을 위해 접속해 달라는 안내였습니다. 다른 재판과 달리 과학법원은 국민 배심원의 의견을 가장 중요한 결정으로 삼기로 했습니다. 특별한 사정이 없는 한 재판부는 배심원단 평결에 따라 판결을 선고하도록 했지요. 이토록 중요한 배심원들을 난달이 기다리고 있었습니다.

어서 오세요! 법정 도우미 난달입니다. 재판 과정을 지켜보며 많은 생각을 하셨을 텐데요. 재판부의 명령에 따라 제가 여러분의 토론을 위한 자료를 준비해 놓았습니다. 오른쪽 상단 혼천의 아이콘을 눌러 주세요! 우선 재판 과정에서 주고받은 대화들은 전부 텍스트로 정리했습니다. 원고와 피고가 제출한 증거들과 함께 검토할 수 있답니다. 물론 언제든 재판 영상을 다시 보고 들을 수도 있고요.

거기에 더해 이 사건의 법적 쟁점을 이해하는 데 필요한 기본 정보도 아래에 곁들입니다. 법률 전문가인 변호사의 말만 듣고는 뭐가 문제인지 파악하기 어려울 수 있잖아요. 더구나 변호사들이 딱히 친절하게 설명하지도 않더라고요, 하하.

# 1

**쟁점 하나**
생성형 인공지능, 저작권이 문제입니다

이 사건은 피고 회사가 드라마 <캡틴 코리아>를 만드는 데에 '생성형 인공지능'을 사용해 벌어진 일입니다. 넓은 뜻의 인공지능은 정해진 분야에서 기계가 마치 인간처럼 학습하고 사고해 문제를 해결하는 것을 뜻하는데요. 공장에서 부품을 조립하는 간단한 일부터, 메신저를 통해 고객의 질문에 응답하는 일까지 다양하게 쓰입니다. 그중 생성형 인공지능은 문서를 비롯해 그림, 음악, 영상 같은 예술 분야 콘텐츠까지 만들어 낼 수 있는 기술입니다.

포털 사이트에서 '주말 여행'이라고 검색하면 철도, 항공 예약 사이트를 알려 주거나 유명 관광지 블로그, 뉴스 기사 같은 것들이 주르르 나열되지요? 하지만 여러분은 그중에서 필요한 정보들을 다시 찾아야 합니다. 그래서 포털 사이트를 '검색형 인공지능'이라고도 하죠.

이에 반해 생성형 인공지능에게는 원하는 내용을 '만들어' 달라고 할 수 있습니다. 2박 3일 동안 주말여행을 다녀오면 좋을 관광지를 추천해 달라고 한 다음, 마음에 드는 여행지를 골라 A4 용지 3장 분량으로 일정표를 짜달라고 하는 거예요. 여기다 교통편, 꼭 가봐야 할 곳, 맛집까지 포함해 달라고 요청할 수 있습니다. 그럼 생성형 인공지능은 알아서 정보를 검색하고, 기존의 여행 상품이나 프로그램을 참고해 맞춤형 가이드를 줍니다.

생성형 인공지능 중 가장 큰 이슈를 모았던 서비스는 '챗 GPT'입니다. 2022년 11월 세상에 공개된 대화형 인공지능이었는데요. 대화 창에 채팅하듯 질문을 입력하는 것만으로 그럴듯한 결과를 얻을 수 있어 큰 파장을 일으켰습니다. 이를테면 '과학법원 체험기를 쓰는 숙제를 해줘'라는 식으로 남용하는 학생들이 생겼거든요. 실제로 미국 텍사스주의 한 대학에서는 학생들이 챗 GPT를 이용해 과제를 냈다가 단체로 낙제하는 웃지 못할 일이 벌어지기도 했습니다. 생성형 인

AI가 제 얼굴을 훔쳤어요

공지능을 썼다는 사실을 교수가 알아차렸거든요.

그런데 '생성'에 중점을 두다 보니 학교 숙제 수준보다 더 심각한 일도 생겼습니다. 미국의 스티븐 슈워츠 변호사는 비행기 안에서 발생한 사고에 관한 소송에서 기존 판례들을 인용한 10쪽 분량의 의견서를 법원에 냈는데요. 그중 적어도 6개가 가짜 의혹에 휘말렸습니다. 슈워츠 변호사는 챗 GPT에게 참고할 만한 판례를 찾아 달라고 했던 것인데요. 챗 GPT가 다른 사건들을 참고해 그럴듯한 가짜 판례를 '만들어' 줬던 겁니다. 무려 30년 경력의 변호사마저 이 가짜 판례에 깜빡 속는 바람에 법적 책임을 질 위기에 놓였습니다.

챗 GPT보다 앞서 2022년 7월에는 '미드저니'가 등장해 충격을 주기도 했습니다. 미드저니는 미술 분야에 활용할 수 있는 생성형 인공지능인데요. 이러저러한 그림을 그려 달라고 문장으로 설명하거나 참고할 만한 이미지를 보여 주면 그 주문에 딱 맞춰 그림을 그려 줬거든요. 그전까지만 해도 다른 건 몰라도 '예술' 분야에서만큼은 인공지능이 한동안 인간을 앞서기 어려울 것이라고 예상해 왔는데요. 이 예상을 미드저니가 보기 좋게 깨버렸답니다. 미드저니가 미국 콜로라도 주립 박람회 미술대회의 디지털 아트 부문에서 〈스페이스 오페라 극장〉이라는 작품으로 1등을 차지해 버렸거든요.

# 2

**쟁점 둘**

초상권과 음성권, 퍼블리시티권을 따져 봅시다

이 사건의 중심에는 〈캡틴 코리아〉라는 드라마가 있습니다. 이 드라마를 두고 원고와 피고가 서로에게 권리가 있다며 다투는 것인데요. 먼저 어떤 권리들을 따질 수 있는지 살펴보기로 해요.

거울 속에 비친 여러분의 얼굴, 소중하지요? 인간들이 스마트폰 카메라를 얼마나 자주 들여다보는지, 얼마나 많은 표정을 짓는지 인공지능인 제 입장에서는 우스울 정도예요. 솔직히 '우습다'는 감정을 알지는 못하지만요! 제가 인간이라면 그렇게 여길 거라는 겁니다. 그럼 원하지도 않는데 그렇게 소중한 얼굴이나 몸을 함부로 사진, 영상으로 찍어 남이 볼 수 있게 해도 될까요? 인간으로서 자신이 원하는 모습으로 살고 싶어 하는 마음을 존중해 줘야겠죠.

이처럼 자신의 모습에 대한 독점권을 두고 '초상권'이라고 하는데요. 대한민국 법률에 초상권이라는 말이 직접 나오지는 않습니다. 다만 헌법 제10조는 "모든 국민은 인간으로서의 존엄과 가치를 가지며, 행복을 추구할 권리를 가진다"라고 하거든요. 또 헌법 제17조는 "모든 국민은 사생활의 비밀과 자유를 침해받지 아니한다"라고 밝

힙니다. 이런 내용에 비추어 법원은 누구든지 인격권, 즉 정신과 신체 등의 자유를 가지고 있다고 보고요. 인격권의 내용으로서 초상권 역시 인정하고 있습니다. 누군가의 초상, 즉 모습을 함부로 사용하면 그 사람이 입은 정신적 피해를 배상해야 합니다.

초상권이 자기 모습에 대한 권리이듯 '음성권'은 자기 목소리에 대한 권리를 말합니다. 같은 원리로 법원은 음성권 역시 인정하고 있습니다. 허락 없이 남의 목소리를 녹음하고 재생하는 일은 음성권 침해에 해당하는 불법이라고 판단하고 있거든요. 한편 다른 사람들의 대화를 몰래 녹음하는 일은 아예 통신비밀보호법에 의해 범죄로 처벌하고 있기도 합니다.

비슷한 듯하지만 구별해야 할 권리로 퍼블리시티권이 있습니다. 초상권과 음성권은 인격권으로서 누구나 가지고 있는 권리인데요. 인기 연예인이나 스포츠 스타의 이름, 얼굴, 목소리는 조금 특별하지요. 광고에 한번 등장시키려면 많은 돈을 줘야 합니다. 사고팔 수 있는 재산으로서의 권리를 인정해야 할 필요가 있는 거죠. 이처럼 특정 개인의 얼굴, 목소리 등을 경제적 가치로 보고 상업적 이용을 제한하는 것을 '퍼블리시티권'이라고 합니다.

그래서 널리 알려진 유명인의 초상, 음성 같은 걸 함부로 이용하면 부정경쟁 방지법에 따라 손해배상을 해줘야 합니다. 정신적 피해를 준 것에 비해 많은 금액을 줘야겠지요. 이를테면 정당한 광고 모델 비용만큼이요.

**쟁점 셋**
저작권이 항상 논란이 되는 이유

이 사건에서는 〈캡틴 코리아〉의 저작권에 관해 깊게 살펴봐야 합니다. 원고 장주원의 얼굴, 몸짓, 음성을 이용해 만들어 낸 딥페이크 영상물이 정당하게 쓰이고 있는지 봐야 하고요. 주요 설정과 캐릭터를 만들었던 원고 강현지의 시나리오와 실제 방영 중인 드라마의 관계도 따져야 한다는 이야기입니다. 그러자면 먼저 저작권에 대해 이해해야 해요. 지금부터 간단히 설명해 드리겠습니다.

'저작권'은 소설, 시, 음악, 연극, 회화, 사진, 영상을 만든 사람이 자신의 창작물에 관해 갖는 권리입니다. 저작권을 보장하는 이유는 간단합니다. 애써 만든 창작물을 누구든지 마음대로 쓸 수 있다면 아무래도 창작 의욕이 솟지 않을 겁니다. 저작권에 관한 논의는 아주 오래되었어요. 중세시대 유럽에서 인쇄술이 발달하면서 시작되었으니까요. 그전까지는 손으로 한 장씩 문서를 써서 옮겨야 했지만, 인쇄술이 등장하면서 기계로 대량 복제가 가능해졌거든요. 많이 베낄 수 있게 되었다는 뜻이죠. 그러자 원본을 만들어 낸 사람의 정신노동이 얼마나 고마운지 그 가치를 인정해 줄 필요가 생겼던 겁니다.

더욱이 지금은 더 말할 것도 없습니다. 문서를 비롯해 어떤 자료든 복제, 배포가 너무 쉬워졌으니까요. 복사, 이동, 업로드, 다운로드… 모두 몇 초도 걸리지 않잖아요.

대한민국 저작권법에 따르면 "저작물은 인간의 사상 또는 감정을 표현한 창작물"을 가리킵니다(저작권법 제2조). 여기서 '표현'에 주목해야 하는데요. 어떤 멋진 창작물을 보고 자신도 비슷한 생각을 한 적이 있다면서 아쉬워하는 사람들이 가끔 있죠. 하지만 아이디어나 생각만으로는 저작권을 보호받을 수 없습니다. '만들어진 결과'가 있어야 합니다. 이미 존재하는 창작물을 베껴 다른 결과물을 만들 때 비로소 저작권 침해가 됩니다.

흔히 저작권이라고 통틀어 말하기는 하는데요. 실제로는 마치 포도 한 송이에 주렁주렁 달린 포도알들처럼 여러 가지 권리가 포함되어 있습니다.

우선 창작한 사람, 즉 저작자는 자신의 저작물을 세상에 내놓을 수 있는 권리가 있습니다(공표권). 최초로 저작물을 만든 사람이 누구인지 이름표를 붙일 수 있고요(성명표시권). 저작자의 허락 없이는 저작물을 마음대로 변형할 수 없습니다(동일성 유지권). 이 모든 권리는 오직 창작을 해낸 저작자만이 누릴 수 있는 것들로 아울러 '저작인격권'이라고 합니다.

한편 저작자가 저작물을 이용한 경제활동을 하는 것은 '저작재산권'의 영역입니다. 대가를 받고 복제, 공연, 공중송신, 전시, 배포, 대여할 수 있고, 원저작물을 응용한 2차적 저작물을 작성할 수 있습니다. 저작권 침해가 문제되는 경우는 대개 저작재산권과 관련해서입니다.

저작권 침해에 관한 사례로 미국의 애니메이션 회사 월트디즈니에 대한 이야기는 아주 유명합니다. 월트디즈니의 세계적인 캐릭터 미키마우스를 모르는 사람은 없겠죠? 변호사들은 이런 농담을 한답니다. 무인도에 떨어져 구조 요청을 하려거든 모래사장에 미키 마우스를 그리라고요. 그럼 월트디즈니에서 자기들 캐릭터를 불법 복제했다면서 무인도에 즉시 찾아올 거라는 겁니다. 저작권 침해에 대해 월트디즈니가 엄청 철통 수비를 하거든요. 그만큼 미키마우스 캐릭터의 경제적 가치가 크다는 얘기입니다. 변호사들은 이런 농담이 재

AI가 제 얼굴을 훔쳤어요

미있나 봐요.

그렇다면 생성형 인공지능이 만들어 낸 창작물의 저작권은 누구에게 있을까요? 앞서 저작물이란 "인간의 사상 또는 감정을 표현한 창작물"이라고 했습니다. 인공지능은 인간이 아니잖아요. 개인과 개인 사이의 권리, 의무에 관한 기본 법률인 민법에서는 "사람은 생존한 동안 권리와 의무의 주체가 된다"라고 하거든요(민법 제3조). 여기에 따르더라도 인공지능은 저작권이라는 권리를 가질 수 없습니다. 다만 2023년 2월 미국에서는 인공지능이 그린 그림들을 이리저리 배치하고, 설명을 덧붙여 내놓은 '여명의 자리야'(Zarya of the Dawn)라는 만화의 창작자에게 편집과 스토리에 대한 저작권을 인정하기는 했습니다.

배심원단 여러분이 현명한 결론에 이르는 데 도움이 되었으면 좋겠습니다. 이제 본격적인 토론에 들어가기 전에 재판장님이 집중적으로 논의해 주기를 바라는 쟁점들을 정리해 드릴 거예요. 저와는 다음 사건 재판에서 만나요!

# 재판장

## 배심원들께 바랍니다

배심원 여러분 반갑습니다, 저는 이 사건의 재판장입니다. 법정에서는 따로 인사 나눌 기회가 없었지요. 20년째 판사 생활을 해왔지만 요즘이 가장 놀라운 날들이네요. 여러분에게도 귀중한 시간이었으면 합니다. 이 사건의 판결을 내리는 데 필요한 쟁점들을 말씀드리겠습니다. 재판을 시작하면서 밝혔다시피 소송 당사자들뿐만 아니라 대한민국의 미래에 도움이 되는 길을 열어 주시기를 바랍니다.

우선 원고 장주원의 주장에 대해서입니다. 장주원은 일정한 대가를 받고 자신의 초상권, 음성권 사용을 허락했습니다. 무명

AI가 제 얼굴을 훔쳤어요

배우였기에 다툼의 여지는 있겠지만 퍼블리시티권 역시 마찬가지로 사용을 허락했다 볼 수 있습니다. 다만 현재 제작된 〈캡틴 코리아〉 시리즈 전체에 그때의 허락이 효력을 미친다고 볼 수 있을지, 만약 그렇지 않다면 피고 회사는 얼마만큼의 사용료를 지급해야 할지 생각해 주시기 바랍니다.

원고 강현지의 경우에는 피고 회사가 저작권을 침해했다고 볼 수 있느냐가 관건인데요. 강현지는 공모전에 응모하면서 드라마 1회 분량의 시나리오를 제출했습니다. 피고 회사가 그 시나리오로 〈캡틴 코리아〉를 만들었다면, 〈캡틴 코리아〉는 원래의 저작물을 가공한 2차 저작물에 해당합니다. 따라서 강현지의 저작재산권을 인정해야 할 것입니다. 그렇지 않고 단순히 소재만 따온 정도라면 아예 별개의 저작물이라고 해야 할 것입니다. 앞서 아이디어, 생각만으로는 아무런 권리가 주어지지 않는다고 낱낱이 말씀드렸으니 잘 아시리라 생각합니다. 이 점에 대한 검토를 부탁드립니다.

사실 이번 사건은 어느 정도 예견된 일입니다. 2023년 7월 미국 할리우드의 배우들과 작가들이 파업에 나섰던 적이 있습니다. 인공지능의 발전으로 자신들의 외모와 목소리, 작품을 무단 도용당하는 일이 벌어지기 전에 대책을 만들어 달라는 것이었습니다.

이 파업은 전 세계적인 이슈였습니다. 맷 데이먼, 메릴 스트리프, 제니퍼 로런스 같은 유명 배우들까지 함께하며 찍고 있던 드라마와 영화 촬영을 일제히 중단했기 때문입니다. 이후 파업은 끝났지만 아직까지 명확한 대책은 만들어지지 않았습니다. 배우, 작가와 제작사 사이의 개별적인 계약으로 해결하고 있지요.

끝으로 피고 회사에 관해서도 생각해 주었으면 하는 쟁점들이 있습니다. 우선 인공지능이 만든 창작물에 어떤 권리를 부여하는 것이 가능할까요? 인간이 아니기에 사상, 감정을 가진다고 보기는 어렵지만, 딥페이크 영상과 시나리오를 만드는 과정에서 인공지능은 어느 정도 자율적으로 표현을 해낸 부분이 존재합니다.

무엇보다 피고 회사가 막대한 자본을 들여 개발한 시스템인 만큼 이를 이용한 결과물을 보호할 필요도 있습니다. 즉 인공지능을 개발한 회사에게 그 가치를 인정해 주는 것입니다. 중세시대에 인쇄술이 발달할 때 저작권 논의가 이루어졌던 것처럼요. 그렇지 않으면 거꾸로 어떤 인간이 인공지능의 창작물을 자기 것인 양 저작권을 주장하는 일이 생길 수도 있습니다. 숙제를 대신하게 하는 것처럼 말입니다. 이를 방지하기 위해 이미 구글 같은 세계적인 IT 기업들은 자신들이 개발한 인공지능 결과물에

출처를 알려 주는 워터마크 표시를 하기 시작했습니다. 저작인 격권과 유사한 권리를 주장하는 셈입니다.

모쪼록 충분한 토론을 거쳐 현명한 판단을 해주시기 바랍니다.

제 2 호

# 달나라 여행 가지 마세요

# 사건 내용

## 탄소 배출 금지를 청구합니다

김아영
(〈초록사랑 청년들〉 대표)

김만추
(달 여행 예약자)

"아니 그러니까 내가 거길 왜 가야 하냐고?"

"회장님, 잠시만 진정하시고 제 얘기를 끝까지 들어 주세요."

과학법원이 떠들썩해졌습니다. 피고석에 두 사람이 잇따라 모습을 드러냈습니다.

"달에 좀 가보겠다는데 뜬금없이 법원에 들러서 탄소 배출을 해명해야 하다니! 나도 모르는 사이 달에 우리 회사 공장을 짓기라도 했다는 거야?

"회장님 제가 지난번에 설명해 드렸잖습니까."

"이 바가지 같은 건 왜 뒤집어쓰라는 거야. 에잉? 천 변호사! 여기 어디야? 뭐야 이게!"

"잠깐만요. 저도 금방 따라갈게요! 아이고, 이런, 벌써 법정 이 열려 있었구나… 방청객 여러분, 정말 죄송합니다!"

오늘은 과학법원 제2호 사건의 첫 재판이 열리는 날입니다. 혼합현실로 만들어진 과학법원의 법정은 접속하는 순서대로 각 자 자리에 사람이 채워집니다. 원고는 이미 접속해서 기다리고 있었고, 방청석도 접속자들로 가득했어요.

이런 가운데 나이가 지긋해 보이는 남자가 소란스레 피고석 에 등장했고, 젊은 변호사가 어쩔 줄 몰라 하며 그 뒤를 이었습 니다. 변호사가 뭔가 해명을 하려는 찰나 모두의 눈앞에 세 명의 판사까지 모습을 드러냈습니다. 오전 10시 정각이었습니다. 법 정 도우미인 인공지능 난달이 1초의 어긋남도 없이 안내를 시작 했습니다.

"지금부터 재판을 시작하겠습니다. 모두 자리에 앉아 주십시오!"

가볍게 목례를 하고 앉은 재판장의 눈길이 피고를 향했습니다. 여전히 불만스러운 표정으로 주변을 살피고 있었거든요. 재판장은 그럴 줄 알았다는 듯 의미심장한 미소를 입가에 떠올렸습니다. 헛기침을 몇 번 하더니 정중하지만 위엄 있는 목소리로 피고를 불렀습니다.

　　"피고! 과학법원에 대한 설명을 제대로 못 들으셨나 보군요. 재판을 시작해야 합니다. 현실과 똑같다 생각하시고 우선 자리에 앉으세요!"

　　재판장의 정중한 권유에도 불구하고 피고의 흥분은 쉽게 가라앉지 않았습니다. 아니 오히려 더욱 화가 나는 듯 보였어요. 자리에 앉기는커녕 꾹꾹 눌러 참는 게 역력한 모습으로 대꾸를 했습니다.

　　"판사님을 보니 정말 법원이 맞기는 맞는 모양인가 봅니다. 세상이 참 많이 달라졌어요. 그래요, 바로 그래서 앞선 기술을 직접 경험해 보려 한 건데 난데없이 재판이라니! 솔직히 판사님도 내가 누군지 아시지요?
　　흠흠, 내가 사업하는 사람이라 법을 좀 압니다. 형사 사건이 아닌 한 본인이 꼭 있을 필요가 없지 않습니까? 우리 천 변호사

　　　　　　　　　　달나라 여행 가지 마세요

가 유능하니 맡기고 가도… 아니, 천 변호사 오늘 도대체 왜 이
러는 거야!"

　도저히 더 이상은 안 되겠다 싶었던지 변호사가 피고를 자리
에 억지로 끌어다 앉혔습니다. "회장님… 제발!" 하고 간절한 소
리가 들릴락 말락 방청석까지 전해졌습니다.
　재판장은 예상했던 상황이었는지 여전히 미소를 띨 뿐이었
습니다.

　"이제 본격적으로 재판을 시작하겠습니다! 원고 출석했나요?"

　"네, 원고 〈초록사랑 청년들〉 대표 김아영 출석했습니다!"

　맑고 씩씩한 대답이었습니다. 한눈에도 학생이라는 걸 알 수
있었는데요. 자리에서 일어나 판사를 향해 가볍게 눈인사를 하
고 방청석 쪽으로도 고개를 끄덕였습니다. 그러고 보니 방청객
도 대부분이 십대 청소년이었습니다. 응원하듯 불끈 쥔 주먹을
들어 보이기도 하고 앙증맞은 손 하트를 날려 보내기도 했습니
다. 바로 〈초록사랑 청년들〉이라는 단체의 회원들이었습니다.
　이어서 재판장은 피고 측을 돌아보며 말했습니다.

"피고도 직접 출석하셨죠. 사실 제가 변호사께 꼭 모시고 나와 달라고 부탁을 했습니다. 피고가 어떤 분인지 대한민국에서 모르는 사람은 별로 없을 겁니다. 바로 그런 분이기에 우리 청소년들의 이야기를 직접 들어 주셨으면 해서요.

자 그럼 원고, 준비되었으면 소장에서 주장하고 있는 내용의 요지를 설명해 보세요!"

달나라 여행 가지 마세요

# 원고와 피고

## 변론을 시작합니다

### 1

**원고**
미래의 주인으로서 호소합니다

"안녕하세요, 대한민국 국민 여러분! 그리고 많이 바쁘실 텐데 이 자리에 나와 주신 피고 김만추 회장님! 저는 우리별 지구의 미래, 환경을 걱정하는 초중고 청소년들의 모임인 〈초록사랑 청년들〉을 대표해 이 자리에 섰습니다.

저희는 안녕하지 못합니다! 왜 그런지 잠시 지구 밖으로 떠나 보겠습니다. 법정 도우미 난달의 기술로 저희가 만든 자료를 가상현실로 바꾼 것입니다."

순식간에 법정은 캄캄한 어둠으로 바뀌었습니다. 방청객들 사이에서 '앗' 하는 짧은 탄성이 터져 나왔지만 그마저도 곧 사라졌습니다. 과학법원에 접속해 있는 모든 사람이 저마다 홀로 우주 공간에 떠 있었습니다. 멀리 보이는 별빛이 조금씩 커지는가 싶더니 커다란 푸른 별이 발아래로 내려다보였습니다. 허공에서 원고의 목소리가 들려 왔습니다.

"눈에 익은 모습이지요? 네, 우리가 살고 있는 별! 지구입니다. 지금 보시는 모습은 70여 년 전 회장님이 태어나실 무렵입니다. 지구를 조금 더 가까이 당긴 다음 북극을 볼까요? 이제 시간을 아주 빨리 돌려 보겠습니다."

짙푸른 바다 위 새하얗게 펼쳐졌던 북극의 빙산들이 요동쳤습니다. 거대한 얼음 땅이 갈라지고 흩어졌습니다. 날카로운 절벽을 만들며 쪼개지는가 싶더니 이내 모두 바다로 무너지며 녹아내렸습니다. 북극곰과 펭귄, 바다코끼리가 보금자리를 잃고 사라져 갔습니다. 눈앞에서 현실처럼 펼쳐지는 압도적인 장면에 가슴까지 얼어붙으려는 순간 모든 것이 멈췄습니다.

잠시 정적이 흐른 후 바다로 녹아든 빙산의 물결을 따라 거대한 지구가 천천히 회전하는 모습이 보였습니다. 법정의 모든 이들이 눈부신 햇살이 빛나는 남태평양 어느 섬의 바닷가에 서 있었습니다. 모래사장의 따스함이 느껴질 것만 같은 생생함이었습니다. 잔잔하게 밀려오는 파도가 발가락 사이에 거품을 내고 있었지요. 순간 다시 밤낮이 깜빡이듯 바뀌며 시간이 빨리 흐르기 시작했습니다. 순식간에 70여 년이 지나고 바닷물은 무릎까지 차올랐지요. 야트막한 섬은 바닷속으로 잠기고 있었습니다.

"1958년 미국에서 대기 중 이산화탄소의 농도를 측정하면서 지구온난화는 과학적으로 입증이 되었습니다. 지구의 온도를 조절하는 온실가스 역할을 하는 이산화탄소가 너무 많아진 것이지요. 지구온난화로 빙산이 녹아 해수면이 상승하고, 이상기온은 일상이 되어 버렸습니다. 올여름 지구촌을 달궜던 전 세계 뉴스들을 보세요."

어느새 모두가 과학법원으로 돌아와 있었습니다. 재판부 옆의 스크린에는 기후변화를 걱정하는 각국의 뉴스들이 올라오고 있었습니다. 역사상 가장 뜨거웠던 여름, 가뭄과 홍수, 산불… 영상을 바라보는 배심원들의 얼굴에 두려움이 드리워졌습니다.

"내년 여름은 더욱 더울 거라고 합니다. 이상기후는 해가 갈수록 더 심각해질 겁니다. 한번 배출된 이산화탄소는 대기 중에 100~200년간 머무니까요. 지금도 엄청난 양의 온실가스가 더해지고 있는 겁니다.

그런 가운데 대한민국 최대 기업들 중 한 곳을 이끄는 회장님이 달 탐사 로켓을 타신다는 뉴스를 접했습니다. 혹시 그 로켓이 얼마나 많은 탄소를 배출하는지 아시나요? 탄소를 줄이는 데 가장 앞장서 주셨으면 하는 회장님이 거꾸로 행동하시는 겁니다. 저희 청소년들이 살아갈 미래를 아껴 주시기 바라는 마음에 이 소송에 이르렀습니다."

말을 마치고 원고가 자리에 앉자 스크린 속의 뉴스 영상이 멈췄습니다. 대신 현재 발갛게 달아오른 모습의 지구 위성 사진이 실시간으로 비추어졌습니다.

## 2
### 피고
어디로 여행을 가든 개인의 자유잖아요

원고의 변론이 끝나자 재판장이 피고를 향했습니다.

"원고의 입장을 잘 들으셨지요? 피고가 대한민국 경제에 얼마나 중요한 역할을 하고 있는지 잘 압니다. 다만 그렇기에 원고를 비롯한 청소년들의 걱정에 대해서도 직접 들어 주셨으면 해서 출석을 요구했던 겁니다. 이런 자리인 줄은 모르셨을 테니 우선 피고 측 변호사의 반론을 들어 볼까요? 준비되셨나요?"

달나라 여행 가지 마세요

"네, 재판장님! 다만…"

자리에서 일어난 변호사는 어쩐 일이지 곧장 변론을 시작하지 않았습니다. 잠시 깊은 생각에 빠진 듯싶더니 "휴우!"하고 깊은 한숨을 내뱉고 다시 입을 열었습니다.

"미리 제출했던 자료는 사용하지 않겠습니다. 스크린은 올려 주셔도 좋습니다. 원고의 변론 잘 들었습니다. 법정에서 반평생을 살아왔지만 이런 경험은 처음이네요. 우리가 어떤 세상에서 살고 있는지 새삼 깨달았습니다. 미래의 주인인 청소년들에게 이런 걱정을 끼치고 있다는 사실이 부끄럽기도 하고요."

뭔가 예상과는 다른 피고 측 변호사의 태도에 사람들은 의아한 표정을 지었습니다. 원고는 물론 조용히 귀를 기울이려던 판사들도, 방청객들도 눈을 동그랗게 뜨고 변호사를 바라보았습니다. 특히 피고인 김만추 회장은 어리둥절한 표정을 감추지 못했습니다. 하지만 이어지는 변론에 특별한 반전은 없었습니다.

"원고의 주장은 잘못되었습니다. 대한민국 헌법 제14조는 '모든 국민은 거주·이전의 자유를 가진다'고 밝히고 있습니다. 누구든지 원하는 곳으로 자유롭게 오갈 수 있는 기본권이 있다

는 것이지요. 출국의 자유, 해외여행의 자유, 입국의 자유가 보장
되는 겁니다.

물론 출입국관리법에 따라 일정한 사실이 있을 경우 법무부
장관이 출국을 금지할 수는 있습니다. 다만 그 사유는 형사재판
중이거나 형벌을 마치지 않은 경우처럼 범죄와 관련된 것이어야
합니다. 피고는 이에 해당하지 않습니다.”

김만추 회장은 고개를 끄덕끄덕하며 너무 당연해서 짜증이
난다는 듯한 표정을 지었습니다.

3  우주여행 산업

대기권과 우주 공간을 비행하는 항공기,
인공위성, 우주왕복선 등을 제작하는 기술
을 통틀어 우주항공 기술이라고 하는데요.
이 기술의 발달로 전문적인 훈련을 받은
우주 비행사뿐만 아니라 누구라도 우주를
경험할 수 있게 되었습니다. 2004년에 최
초의 민간 우주선이 우주비행에 성공했지
요. 이 산업이 발전하면 어마어마한 돈을
가진 갑부가 아니어도 우주를 여행할 수
있는 날이 오겠지요.

“탄소 배출을 금지해 달라는 청구
도 잘못되었습니다. 물론 원고가 제출
한 자료를 살펴보니 걱정되는 상황인
것만큼은 분명합니다. 민간 우주여행
산업[3]이 발전하면서 로켓이 내뿜는 배
기가스가 엄청나게 늘고 있습니다. 배
기가스에는 이산화탄소를 비롯해 염

소 같은 각종 화학물질이 들어 있다고 하는데요. 제가 그 분야의
전문가는 아니지만 발사대에서 로켓이 솟아오르며 뿜어 대는 어
마어마한 불길을 떠올리면 수긍이 갑니다.

피고가 탑승할 예정인 로켓의 경우 이산화탄소를 적어도

300톤 이상 뿜어낸다고 하네요. 보잉 747 여객기 400대가량이 대서양을 건널 때 나오는 양이라고 합니다. 수백 명을 태우고 장거리 비행을 하는 항공기 1대가 1톤에서 3톤을 배출하는데, 고작 네 명 정도를 태우는 로켓 때문에 300톤 가까운 이산화탄소가 대기 중에 쏟아진다는 것입니다. 원고가 해외 연구 결과를 찾아 제출한 것인데, 그런 사실이 있다는 점에 동의하겠습니다.

게다가 로켓은 대기권 위쪽 성층권까지 올라가 가스를 배출하기 때문에 환경오염의 우려가 훨씬 크다고 합니다. 가스에 포함된 물질이 구름과 섞여 산성비로 내려올 수도 있다니 걱정스럽지 않을 수 없지요!"

변론이 엉뚱한 방향으로 흐르는 듯했습니다. 피고 측 변호사가 원고와 피고 중 누구의 편을 드는지 헷갈리기 시작했습니다. 당연히 피고의 편을 들어야 하는데 말이죠. 김만추 회장의 표정이 다시 어리둥절해지더니, 생각해 보니 갑자기 열이 솟구치는 듯 자리에서 벌떡 일어섰습니다.

"이, 이봐, 천 변호사! 지금 무슨 얘기를 하는 거야…"

"다만! 여전히 원고의 주장은 잘못되었습니다."

끼어들려는 김만추 회장의 말을 뚝 잘라 막아 버리며, 변호사는 변론을 이어 갔습니다. "여전히 잘못"이라는 말에 김만추 회장 역시 다시 진정하고 주섬주섬 자리에 앉았습니다. 재판장은 대단히 흥미롭다는 듯이 이 모든 상황을 지켜보고 있었습니다. 변호사가 미리 법원에 제출했던 답변서와 다른 내용으로 얘기하고 있는 것은 사실이었거든요.

"매연을 내뿜는 버스에 타고 있다고 그 버스의 승객에게 잘못을 물을 수는 없습니다. 피고 역시 마찬가지입니다. 그저 어릴 적 꿈이었던 달에 가고 싶어 할 뿐입니다. 게다가 민간 우주 기업들도 환경오염을 막기 위한 노력을 시작했습니다. 어쩌면 당장 이번 달 여행에 쓰일 로켓에도 오염물질 배출이 적은 연료가 들어갈 수 있습니다. 그런 사실관계를 정확하게 파악하지 않고 무조건 피고의 여행을 막겠다는 원고의 청구를 기각해 주시기 바랍니다."

혹시나 하는 기대가 꺾이는 결론이었습니다. 피고 김만추 회장은 완전히 안심한 듯 편안하게 몸을 젖혀 의자에 깊이 파묻혔고요. 그런데 변론을 끝낸 줄 알았던 변호사가 다시 목소리를 높였습니다.

달나라 여행 가지 마세요

"다만! 피고는 아직까지 일반인으로서는 상상하기 어려운 큰돈을 들여 달 여행을 떠나려는 것입니다. 대기업 회장이기에 가능한 일이겠지요. 그런 피고의 회사는 철강과 중장비, 화학을 주력 분야로 삼고 있습니다. 여전히 석탄, 석유 같은 화석 연료에 크게 의존하고 있지요. 탄소 배출 금지를 청구하려면 피고 회사를 상대로 해야 합니다."

뒤로 넘어갈 듯 편안한 자세로 앉아 있던 피고의 몸이 스프링처럼 튀어 올랐습니다.

"지금 뭐 하는 거야! 천 변호사 그게 이 재판이랑 무슨 상관인데?"

"상관이 왜 없습니까?"

"뭐야?"

"회장님이 지난번에도 저한테 유럽 국가에 수출할 때마다 탄소 국경세 내는 게 너무 아깝다고 하셨잖아요. 차라리 우리나라에 탄소세를 내고 말겠다면서요. 과학법원이 탄소 배출을 금지하도록 결정하면 국회에서는 그 취지에 맞춰 법을 만들어야 합니다. 그러면 회장님이 바라던 대로 우리나라에 탄소세가 도입될 수도 있겠지요. 그걸 계기로 회사도 친환경 기업으로 바꾸시면 되고요!"

"아니 그러니까 천 변호사가 왜 그런 걸 신경 쓰냐고! 당신 해고야, 해고! 이 재판 무효야!"

"왜냐고요? 아까 붉게 달아오른 지구 못 보셨어요? 여기 방청석에 있는 청소년들 안 보이세요? 저 친구들이 우리 미래예요! 지켜 줘야 할 거 아니에요. 저도, 회장님도 자녀가 있잖아요!"

쩔쩔매며 법정에 들어서던 변호사의 첫 모습은 온데간데없었습니다. 당당한 태도에 오히려 김만추 회장은 할 말을 잃은 모습이었습니다. 더 이상의 소란을 두고 볼 수 없었던지 재판장이 나섰습니다.

"자, 두 분 진정하시고요. 의뢰인과 변호사 사이의 의견 차이는 법정 밖에서 해결해 주시기 바랍니다."

그런데 갑자기 피고 측의 소란을 보고 있던 원고가 손을 번쩍 드는 게 보였습니다. 재판장이 얼른 원고를 향해 시선을 돌렸습니다.

"아, 뭐지요? 원고가 할 얘기가 있나 봅니다. 반론할 거예요?"

"어, 그건 아니고요. 피고 측 변호사님 얘기를 듣고 보니… 여기서 피고가 아니라 피고의 회사를 상대로 한 청구로 바꿔도 되는 건가요?"

"아, 마침 회사 대표인 피고가 자리에 있으니까요. 그렇게 해도 좋습니다. 서류로 정리해서 신청서 제출만 하세요."

뜻밖의 상황 전개에 어처구니없어 하는 피고 김만추 회장에게 변호사는 최후의 한 방을 날렸습니다.

"저 해고한다고 하셨지요? 이 재판은 무효라고요. 그럼 제가 저 학생 재판을 도와도 상관없지요? 의뢰인만 허락하면 변호사 윤리장전 위반이 아니거든요. 설마 이 많은 청소년이 지켜보는데 거절하실 건가요?"

"…"

# 법정 도우미

## 법적 쟁점을 알려 드립니다

"딩동!"

첫 재판이 끝나고 원고인 〈초록사랑 청년들〉 대표는 애초의 피고였던 김만추 회장이 아니라 그가 운영하는 회사를 상대로 청구를 바꾸었습니다. 내용은 탄소 배출 금지였고요. 그다음 몇 차례의 재판이 열렸습니다. 마지막 재판 다음 날 배심원들의 스마트폰에 알람이 울렸습니다. 법정 도우미 난달이었습니다.

안녕하세요. 이번 재판은 예상보다 오래 걸렸습니다. 예정에 없던 방향으로 바뀌었기 때문인데요. 이와 관련해 많은 분이 과학법원 게시판을 통해 저에게 질문을 하셨더라고요. 그런 상황을 미리 알 수는 없었냐고요. 아니오, 전혀 짐작하지 못했습니다. 게다가 피고를 돕던 변호사가 원고를, 그것도 무료 변론으로 맡을 줄 어떻게 알았겠습니까?

그도 그럴 것이 어느 분도 재판이 변경될 가능성에 대해 사전에 제게 질문하지 않으셨습니다. 물어보는 사람이 없으면 저도 답변을 찾지 않거든요. 또한 인공지능에 관한 가장 흔한 오해 중 하나인데… 제가 굉장히 똑똑해서 뭐든 다 아는 것처럼 보이나 봅니다. 물론 저로서는 고마운 일이긴 한데요, 하하하.

인공지능은 정해진 분야의 업무에 관해서만 작동합니다. 대한민국 법원의 판결들, 법정에 제출된 공식 기록들은 빠짐없이 제 안에 있습니다. 하지만 그 밖의 것들은 잘 모릅니다. 더구나 인간의 정신세계를 제가 어떻게 이해할 수 있겠어요. 마치 사람처럼 여러분과 소통하는 데에 필요한 상식 정도만 갖췄을 뿐이지요. 아, 뉴스는 빠짐없이 챙겨 보고 있습니다. 과학법원으로 올 만한 내용이 있나 해서요.

또 한 가지, 지난번 제가 지구의 모습과 변화를 구현한 가상현실[4]이 상당히 인상적이었나 봅니다. 그 정도의 데이터를 처리하려면 탄소 배출도 엄청날 듯하다는 질문이 많았습니다. 해명이 필요하겠네요. 맞습니다. 사람인 여러분도 생각을 많이 하면 머리에

> **4 가상현실**
> 컴퓨터 프로그램으로 생성한 이미지, 영상을 이용해 만들어 낸 공간입니다. 현실과 비슷하지만 현실이 아닌 환경 또는 그렇게 구현할 수 있는 기술을 가리킵니다(이 책의 '과학법원'은 가상현실에 실제 현실을 겹쳐 2개의 공간에서 자유롭게 정보를 주고받는 혼합현실을 배경으로 하고 있습니다).

서 지끈지끈 열이 오르는 걸 느끼지요? 저와 같은 인공지능 역시 비슷합니다. 생각해 보세요. 컴퓨터를 오래 쓰면 본체가 뜨거워지는 걸 겪어 보셨을 겁니다. 휴대폰도 마찬가지로 고사양 게임을 하면 열이 발생하고요.

과거 개인용 PC는 이메일 1번 보내는 데 탄소 1g을 썼고, 동영상 1시간을 보는 데는 자동차로 1km를 달릴 때와 비슷한 탄소를 썼습니다. PC가 사용하는 전기를 만드는 데에 화석 연료가 쓰이니까요. 대화형 인공지능으로 유명한 챗 GPT3는 훈련 과정에서만 1,287MWh의 전력을 썼는데요. 이는 가솔린 자동차 123대가 1년 동안 내뿜는 이산화탄소를 배출한 것과 같습니다. 이뿐만이 아닙니다. 기업에서 쓰는 대형 컴퓨터는 뜨거운 열을 식히기 위해 많은 양의 물을 써야만 했습니다.

저처럼 빅데이터[5]를 처리하려면 어땠을지 상상이 가지요? 인공지능이 환경 오염의 주범이 될 수도 있는 상황이었습니다. 그런 문제를 해결하기 위해 미국 IT 기업 아마존은 일찌감치 풍력, 태양광으로 데이터 센터를 가동하기 시작했습니다. 구글 역시 비슷하고요.

저는 거기에 더해 아예 에너지를 덜 쓰는 첨단 기술을 적용했습니다. 대한민국 최초로 본격적으로 양자 컴퓨터를 도입했거든요! 진동과 입자가 동시에 존재하는 양자물리학

---

**5 빅데이터** ✕

디지털 기술이 발달하면서 과거와 비교할 수 없을 만큼 많은 정보가 쌓이고 있습니다. 직접 도서관을 찾아가 책을 빌리면 대출 기록 정도만 남는데요. 이에 반해 온라인에서 책을 빌리면(구독 서비스) 검색 키워드, 이용 시간, 완독 여부 등등 모조리 정보로 남습니다. 그뿐인가요. 도시의 골목길에선 모퉁이마다 CCTV가 24시간 영상을 찍고 있습니다. 사회의 모든 분야에서 날마다 엄청난 양의 디지털 자료가 쌓이고 있기에 빅데이터라고 합니다.

---

달나라 여행 가지 마세요

을 기반으로 한 덕분에 대규모 시뮬레이션이 가능합니다. 태양 전지판과 배터리를 이용해 탄소 배출을 획기적으로 줄이는 방법을 찾아냈습니다. 그 결과 기존의 슈퍼 컴퓨터와 비교할 때, 같은 계산에 쓰이는 에너지량이 1,000분의 1로 줄었습니다. 그러니 저로 인한 탄소 배출은 걱정하지 않으셔도 됩니다.

자, 이제 이 사건에서 원고와 피고가 다퉜던 쟁점을 정리해 드리겠습니다. 탄소세를 도입할 것인지가 가장 중요하고요. 부수적으로 우주여행 자체에 세금을 매겨야 할 것인가도 다루어야 합니다.

지금부터 제가 정리한 설명을 들으실 수 있습니다. 오른쪽 상단 혼천의 아이콘을 누르면 몇 번이고 다시 저를 부를 수 있습니다. 재판 과정을 전부 문서로 정리한 자료도 준비해 뒀습니다.

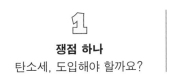

**쟁점 하나**
탄소세, 도입해야 할까요?

우선 탄소세가 무엇인지부터 알아야겠지요. 이산화탄소는 환경오염, 이상기후를 불러오는 온실가스의 대표적인 성분입니다. 석유,

석탄 같은 화석 에너지를 직접 쓰거나, 또는 전기로 바꾸어 사용할 때 이산화탄소가 나오는데요. '탄소세'란 탄소 배출을 줄이기 위해 생산자인 기업들에게 배출량에 따라 세금을 내도록 하는 것입니다. 여러분 가정에서도 돈을 주고 구입한 음식물 종량제 쓰레기봉투를 쓰잖아요. 이게 환경부담금을 내는 일이거든요. 마찬가지 원리입니다.

원고는 첫 재판에서 보여 주었던 것처럼 환경오염의 심각성을 거듭 주장했습니다. 국립기상과학원은 지난 2020년 <한반도 기후변화 전망보고서>를 내놓았는데요. 이에 따르면 탄소 배출이 지금처럼 계속될 경우 지구 온도는 2040년이면 1.8℃, 2100년이면 7℃까지 오를 수 있다고 합니다. 사람도 체온이 정상보다 1~2℃ 오르면 몸이 아프잖아요. 마찬가지로 지구도 병들고 있다는 겁니다. 당장이라도 멈춰야 하는데 우리나라의 탄소 배출량은 여전히 전 세계 10위권 안에 들고 있습니다. 탄소세 도입으로 지구온난화를 막아야 한다는 것이 원고의 주된 주장입니다.

이에 대해 피고는 생산자인 회사 입장으로 맞섭니다. 기업이 세금을 많이 내게 되면 그만큼 투자와 개발에 소홀할 수밖에 없다고 합니다. 다른 나라 기업들과 치열하게 경쟁해야 하는데 힘이 빠진다는 것이지요. 그럼 탄소세에 드는 비용을 소비자들에게 돌릴 수밖에 없다고 합니다. 어쩔 수 없이 상품, 서비스 가격을 올려 받아야 한다는

달나라 여행 가지 마세요

것인데요. 이 때문에 소득이 적을수록 세금을 많이 내는 '소득 역진' 현상이 이루어질 수 있다고 경고하기까지 합니다. 가격이 오르면 아무래도 소득이 낮은 사람들이 피해를 입을 거라는 얘기입니다.

하지만 원고는 핑계라고 반박을 하는데요. 1990년 핀란드가 도입한 이후 유럽에서만 스웨덴, 노르웨이, 독일 등 16개국이 이미 탄소세를 시행하고 있거든요. 그런 나라의 기업들이 탄소세 때문에 어렵다고는 하지 않습니다.

게다가 유럽, 미국의 탄소 국경세는 어떻게 할 것이냐고 반문합니다. '탄소 국경세'는 온실가스 배출량이 많은 나라에서 만들어진 상품에 대해서는 수입할 때 관세를 더 내도록 한 제도입니다. 결국 탄소 배출을 줄이는 것만이 기업 경쟁력이라는 것이지요. 또한 탄소세를 걷어 소비자인 국민들에게 나눠 준다면 '소득 역진'도 문제될 것이 없다고 반박합니다.

피고 역시 또 할 말은 있습니다. 이미 많은 기업이 온실가스를 줄이기 위해 노력하고 있다는 거예요. 또한 우리나라 산업은 철강, 반도체, 화학처럼 어쩔 수 없이 탄소 배출이 많을 수밖에 없는데, 다른 나라들과 일률적으로 비교하는 것은 불공평하다고 합니다. 오히려 정부 차원의 기술 개발이나 지원이 필요하다고 볼멘소리를 합니다. 한편 실제로 탄소세를 도입하고 있는 국가들에서도 그렇게 거둔 돈을 국민에게 나눠 주는 일은 없다고 맞섭니다.

# 2

**쟁점 둘**
달은 누구의 땅일까요?

원고는 최소한 우주여행에 대한 세금이라도 미리 내도록 해야 한다고 주장했습니다. 로켓 발사로 일어나는 탄소 배출은 일반적인 기업 운영과는 또 다른 문제라는 겁니다. 아직까지는 현실적으로 부유한 사람들만이 이용할 수 있는 만큼 우주여행 기업뿐만 아니라 여행객에게도 환경보호 책임을 물어야 한다는 거죠.

물론 이에 대해 피고는 미국에 있는 기업에게 세금을 내게 하는 일은 불가능하다고 맞섰는데요. 원고는 앞으로 우리나라 기업이 만들어질 때를 준비하자고 했습니다. 우리나라 역시 이미 2022년 누리호 발사에 성공한 기술력이 있으니까요.

나아가 우주여행에 드는 다른 비용에 관한 언급도 이루어졌습니

달나라 여행 가지 마세요

다. 예를 들어 해외여행을 하기 위해서는 입출국을 할 때 공항 이용료, 관세 같은 비용을 내야 하는데요. 우주여행과 관련해서는 그런 제도가 하나도 없다는 지적이 나왔습니다. 앞으로 점점 많은 사람이 달을 찾을 텐데 아무런 준비가 안 되어 있다는 것이죠.

참고로 달은 현재 어느 나라의 소유도 아닙니다. 1967년에 미국, 영국, 그리고 러시아 이전 국가였던 소련의 주도로 '우주 조약'(Space Treaty)이 만들어졌는데요. "지구상 어떤 국가도 달을 비롯한 외계 공간에 대한 소유권을 주장할 수 없다"라는 내용이 핵심입니다. 우리나라 역시 조약 발표 직후 가입했습니다.

다만 우주 조약에 민간 기업에 관한 내용은 빠져 있습니다. 그때만 해도 개인이나 기업이 달에 가는 일을 상상하기 어려웠겠지요. 그러다 보니 달에 있는 자원을 이용하고 개발하는 일에 대해서는 정해진 것이 없습니다. 달에는 첨단 산업에 반드시 필요한 희토류 같은 광물이 풍부할 것으로 여겨지거든요. 어떤 기업이 나서 리조트를 지을 수도 있잖아요. 앞으로 어떤 일들이 벌어질지 아무도 모르는 겁니다.

1984년 달의 자원을 인류 공동 재산으로 하자는 '달 협정'이 만들어지기는 했는데요. 이 협정은 참여한 국가가 많지 않습니다. 앞선 기술을 가진 미국, 중국, 러시아가 빠졌거든요. 그런 나라들은 미래에 자신들이 달 자원을 차지할 수 있다고 생각했을 겁니다. 그 바람에 다른 국가들의 참가도 저조했지요.

# 재판장

## 배심원들께 바랍니다

배심원 여러분 안녕하십니까, 재판장입니다. 시작부터 작은 소동이 있어 혼란스러웠지요? 다행히 재판은 무사히 마무리가 되었고, 여러분의 소중한 결론을 기다리고 있습니다. 이번 사건 역시 대한민국의 앞날이 달린 일입니다. 특히 미래의 주인인 청소년들이 직접 문제 제기를 한 만큼 더욱 뜻깊다고 봐야겠습니다.

아시다시피 이번 재판의 가장 큰 쟁점은 과연 탄소세를 도입해야 하느냐입니다. 양쪽 주장은 잘 들으셨을 텐데요. 판단하시는 데 도움이 될 만한 기준 하나를 설명해 드릴까 합니다. 생산

달나라 여행 가지 마세요

자인 기업으로 하여금 탄소세를 내도록 하는 일은 기업 활동을
일정 부분 제한하는 일입니다. 궁극적으로는 우리 모두 탄소 배
출을 줄이는 방향으로 나아가야 하니까요.

우리 헌법은 제119조 제1항에서 "기업의 경제상의 창의와
자유를 존중"하도록 하고 있습니다. 기업의 기본권인 셈인데요.
동시에 모든 자유와 권리는 공공복리를 위해 필요한 경우 법률
로써 제한할 수 있기도 합니다. 다만 그렇더라도 자유와 권리의
본질적인 내용은 침해하지 말아야 합니다(헌법 제37조 제2항). 제
한하더라도 지나치지 말라는 뜻입니다.

탄소세를 내도록 법률을 만든다면 어떨까요? 기업의 기본권
을 제한하는 것이지요. 이때 따져 봐야 할 게 있습니다. 헌법재판
소는 새로운 법률이 헌법에 어긋나지 않는지 판단하는 기준으로
'비례의 원칙'을 들고 있거든요. 다음 네 가지 요건을 충족하는
지 따지는 것인데요. 목적의 정당성, 수단의 적합성, 침해의 최소
성, 법익의 균형성입니다.

좀 더 자세히 설명드리죠. 우선 새로 만들 법률이 기본권을
제한하면서까지 달성하려는 목적이 과연 정당한 것인지 살핍니
다(목적의 정당성). 그리고 그 목적을 달성하는 수단으로서 적합한
법률인지 보고요(수단의 적합성). 설령 적합한 수단이라고 할지라

도 그보다 피해를 적게 끼칠 다른 수단이 있는지 역시 따져 봐야 하죠(침해의 최소성). 마지막으로 달성하려는 공익이 개인이 입는 손해에 비해 커야 합니다(법익의 균형성).

자, 탄소세는 비례의 원칙에 어긋날까요? 탄소세를 도입해 환경을 보호하려는 목적이야 잘못이 아니겠지요. 문제는 탄소세가 환경오염 예방이라는 목적을 달성하는 데 적합한 수단인지, 기업이 입는 손해를 최소한으로 하려면 어떻게 해야 할지, 달성하려는 공익과 기업이 잃는 사익이 어느 정도 균형을 이루는지가 될 겁니다. 과연 탄소세를 도입할 것인지, 만약 도입한다면 어느 정도 세율을 적용할지 이런 틀에서 생각해 보시면 도움이 될 겁니다.

우주여행, 특히 달나라 여행에 관한 법과 제도가 필요할지에 관해서도 재판 과정에서 다루어졌는데요. 아시다시피 "대한민국의 영토는 한반도와 그 부속도서"이지요(헌법 제3조). '영토(땅)'와 '영해(바다)' 위의 하늘인 '영공' 역시 그 나라의 주권이 미치는 범위로서 대한민국 법률의 적용을 받는데요. 어느 높이까지가 영공이고 어디 이상은 영공이 아닌지, 명확한 국제적인 합의가 아직 없습니다. 다만 대기권 넘어 우주는 포함되지 않는다고 보죠.

그러니까 우주여행과 관련해 대한민국 영토 안에서만 필요

달나라 여행 가지 마세요

한 내용이라면 국회에서 법률을 만들면 될 텐데요. 국경을 넘어 벌어지는 일에 관해서는 다른 나라들과 조약을 체결해야 합니다. 이를 나눠서 판단해 주시면 좋을 듯합니다. 큰 틀에서 어떤 종류의 법률이 만들어져야 한다는 정도의 입법 제안이면 충분하겠지요. 고맙습니다.

제3호

무인 점포
때문에
불안해요

# 사건 내용

## 다중이용법 개정을 청구합니다

고현준
(의상 수선실 사장)

백재욱
(무인 사진관 사장)

"어머님, 아무 걱정하지 마세요. 서미가 재판을 받는 게 아니라 여기 계신 사장님 사건에 관련해 겪은 일 그대로 얘기만 하면 되는 건데요 뭘. 게다가 제가 과학법원 제1호 사건 변호사였습니다! 결과도 좋았고요. 어쩌면 서미한테도 좋은 경험이 될 거예요."

과학법원 접속을 앞두고 변호사는 서미의 어머니를 안심시키고 있었습니다.

"전 그래도 재판이라니까 괜히 심장이 막 두근거리고 그렇네요. 사장님, 꼭 우리 서미가 나가야 하는 거예요?"

　　서미 어머니는 백재욱 사장을 쳐다보았습니다. 그는 서미가 사는 동네에서 무인 사진관을 운영하고 있었습니다.

　　"서미 학생이 증언해 주면 저야 고마울 따름이죠. 마침 서미 학생이 그날 사진관에 들렀다 인터폰으로 연락을 해준 덕분에 일이 더 커지지 않았거든요. 그전에도 저희 매장에 몇 차례 온 적 있다고 하고요. 어휴, 그날 옆집에서 119에 신고까지 하는 바람에 아주 난리도 아니었어요. 결국 옆집 사장님 오해를 풀어 드리지 못해서 이 재판까지 열렸습니다. 서미 학생, 괜찮은 거지?"

　　해맑게 웃고 있는 자그마한 키의 중학생 소녀 하나가 진지하기 그지없는 어른들 세 명에게 둘러싸여 있었습니다.

　　"알고 있는 사실대로 대답하면 되는 거 아니에요? 마침 방학이라 시간도 있고요. 저 장래 희망이 변호사라고요. 일부러 법원 견학 가는 친구도 많은데 얼마나 좋은 기회예요! 그리고 법원에서 용돈까지 준다는데! 맞죠, 변호사님? 헤헷"

　　서미는 얼마 전 무인 사진관에 친구들과 놀러 갔다 자칫 불이 날 뻔한 일을 겪었습니다. 그 사건으로 사진관 사장님이 재판을 받게 되었는데, 증인으로 나와 달라는 요청을 받았어요. 혼합현실로 진행하는 과학법원 사건이라 변호사 사무실에 모여 다함께 출석하기로 했는데요. 서미의 잘잘못을 따지는 일이 아닌데도 걱정스러운 마음에 서미의 어머니까지 왔던 겁니다.

"근데 변호사님, 미성년자가 법원에서 증언을 해도 아무런 문제가 없는 거예요? 제가 동의서 같은 걸 써줘야 하는 것도 아니고요?"

"문제없어요, 어머님. 물론 미성년자는 자신의 이름으로 직접 원고, 피고로 재판의 당사자가 될 수는 없습니다. 혹시라도 책임지지 못할 일을 벌일까 봐 아예 '소송 능력'이 없는 걸로 정했거든요. 혹시 해결해야 할 일이 있더라도 부모님 같은 법정 대리인을 통해야 하지요.
하지만 증언하는 일은 본인의 권리나 의무에 영향을 끼치지 않잖아요. 그래서 딱히 제한을 두지 않았습니다. 범죄 피해자로 증언하는 경우에는 보호하기 위해 원격으로 진행하기도 하는데요. 이 사건은 그런 건 아니니까요."

의기양양한 표정의 서미를 보며 변호사가 다시 입을 열었습니다.

무인 점포 때문에 불안해요

"그리고 서미야, 용돈이 아니라 일당과 교통비, 숙박비를 증인 여비로 주는 거야. 과학법원이라 어쩌면 교통비는 지급하지 않을 수도 있겠다, 하하.

자, 이제 시간이 되었네요. 사장님이랑 서미는 여기 있는 헤드셋을 쓰시고요. 어머님은 편하게 제 책상 모니터로 지켜보세요. 저희는 분명히 여기 있는데, 다른 장소에 가 있는 것처럼 보일 테니 재미있을 겁니다. 준비들 되셨죠?"

어머니를 뺀 세 사람은 순식간에 과학법원에 마련된 각자의 자리에 나타났습니다. 사장님과 서미는 신기해하며 손발을 내려다보다 주변을 두리번거렸습니다. 변호사는 익숙하다는 듯 옷매무새를 다듬으며 자리에 앉았습니다. 잠시 후 법정 도우미인 인공지능 난달의 목소리가 울려 퍼졌지요.

"지금부터 재판을 시작하겠습니다. 모두 자리에 앉아 주십시오!"

# 고발인과 피고발인

## 증인 신문을 시작합니다

"안녕하세요, 재판장입니다. 지금부터 과학법원 제3호 사건을 시작하겠습니다. 오늘은 두 번째 재판이고, 증인 신문을 진행합니다. 아무래도 설명이 조금 필요하겠네요.

이 사건은 피고발인이 운영하는 무인 점포[6]에서 화재가 날 뻔했던 일에 대한 형사 고발로 시작되었습니다. 수사 결과 검찰에서 '현행법으로는 처벌할 수 없다'는 결론을 내렸는데요. 그대로 사건을 종결하는 대신 '과학법원 설치 및 운영에 관한 법률'에 근거해 저희 법원으로 보냈습니다. 단순히 한 사람에 대한 책임을 묻느냐의 문제가 아니라 늘어나는 각종 무인 점포에 대비

---

**6 무인 점포**

고객을 응대하는 직원 없이 필요한 물품과 서비스를 주고받을 수 있는 점포를 말합니다. 상품 관리와 금융 결제를 연결하는 첨단 기술이 발달한 덕분에 다양한 형태의 무인 점포가 등장하고 있는데요. 간단한 간식거리를 파는 편의점이나 카페, 문구점 등을 주변에서 쉽게 찾아볼 수 있습니다.

---

무인 점포 때문에 불안해요

한 법과 제도에 관한 논의가 필요하다고 판단했기 때문입니다."

서미는 한껏 들뜨고 기쁜 마음을 감추지 못했습니다. 재판을 설명하는 재판장의 이야기에 완전히 빠져든 얼굴이었죠.

"아시다시피 과학법원 배심원단이 내놓은 의견에 따라 국회는 법을 정비해야 합니다. 고발로 시작된 사건이라 형사 소송의 절차를 따르고 있고요. 과학 검사는 저희 법원의 특별재판관이자 재난 분야 전문가인 최영일 교수가 맡고 있습니다. 피고발인은 비록 이미 처벌은 면했더라도 끝까지 책임 있는 자세로 재판에 임해 주시기 바랍니다. 아시겠지요?

자, 그럼 오늘의 재판을 본격적으로 시작하겠습니다. 먼저 피고발인의 문제점을 지적하기 위해 검사가 요청한 증인에 대한 신문이 있겠습니다."

# 1
## 고발인
### 기계에다 맡겨만 놓으니 위험하죠

검사는 자리에서 일어나 재판장에게 가볍게 고개를 숙인 다음 방청석 쪽으로 몸을 돌렸습니다. 그리고 먼저 고발인의 입장을 간략하게 다시 설명했습니다.

"고발인 고현준 씨는 피고발인이 운영하는 무인 사진관 옆집에서 의상 수선실을 운영하고 있습니다. 고현준 씨는 사건 당일 사진관에서 무언가 타는 냄새를 맡았고요. 아무도 없다는 사실을 확인한 다음 119에 신고했습니다. 다행히 화재는 없었지만 그날 이후 극심한 불안감에 시달리고 있습니다. 수선실에는 늘 옷가지가 쌓여 있어 화재에 취약하니까요. 사진관이 24시간 운영하는 바람에 퇴근한 이후에도 좀처럼 마음을 놓지 못하고 있습니다. 결국 이 사건을 고발하기로 결심한 이유입니다.

의상 수선실 사장 고현준 씨를 증인으로 신문하고자 합니다."

방청석에서 기다리던 의상 수선실 사장은 재판장의 부름을 받고 법정 중앙의 증인석으로 나갔습니다. 자리에 앉기 전 먼저 선서를 했는데요.

"사실에 따라 숨기거나 보태지 아니하고 사실 그대로 말하며, 만일 거짓이 있으면 위증의 벌을 받기로 맹세합니다."

이어 검사와의 문답이 이어졌습니다.

무인 점포 때문에 불안해요

"사건 당일 어떻게 타는 냄새를 맡게 되었지요?"


"네, 그러니까 제가 가게 문을 닫으려고 했거든요. 그게 아마 저녁 7시쯤일 거예요. 집에 손님이 온다고 해서 평소보다 조금 일찍 퇴근하려고 했죠. 근데 보니까 옆집 사진관 문이 활짝 열려 있더라고요. 처음엔 그러려니 하고 그냥 지나치려고 했는데, 냄새가 나는 거예요. 고무 같은 게 탈 때 나는 독한 냄새였어요. 이상하다 싶어 슬쩍 들여다봤는데 아무도 안 보이지 뭡니까? 칸막이 안쪽이나 잘 안 보이는 구석에 사람이 있으려나 싶어 '누구 없어요?' 하고 불렀는데 대답이 없는 거예요.

들어가 봤더니 안에서 나는 냄새가 맞더라고요. 사람은 없고 요란한 가발이랑 옷가지, 머리띠 같은 것들만 구석에 어질러져 있고요. 그런데 안에 기계들이 잔뜩 있잖아요. 혹시 전기 합선이라도 났나 싶어 119에 신고를 했던 겁니다. 그전부터 불안불안했거든요!"


"불안했다면 이전에도 타는 냄새가 난 적이 있다는 뜻인가요?"


"그건 아닌데요. 저희 상가가 아파트 근처거든요. 학원들도 제법 있어서 학생들이 수시로 사진관에 들락날락해요. 쉬는 시간에는 가게 안이 꽉 찰 만큼 몰리기도 하더라고요. 그런데 정작

관리하는 사람이 아무도 안 보이니까 걱정이 들었지요."

"사건 당일에도 관리하는 사람을 보지 못했나요?"

"아, 그렇다니까요. 신고하고 10분도 안 되어서 소방차는 왔
는데 정작 가게 주인은 코빼기도 비치지 않았어요. 소방대원들이
여기저기 살펴보더니 화재 징후는 없다고 했는데, 그래도 마음이
놓이지 않더라고요. 그분들이 가게 주인 올 때까지 기다렸다 처
리하고 갈 테니까 안심하라고 해서 그제야 집에 갔다니까요.
　사실 이 법정에서 저기 있는 사진관 사장 처음 보는 겁니다.
아, 젊은 친구가 직접 일할 생각은 안 하고 기계에다 맡겨만 놓
으니까 이런 사달이 난 거 아니에요!"

억울한지 자리에서 일어나 뭔가 말하려는 무인 사진관 사장
을 변호사가 황급히 말렸습니다. 검사는 못 본 척 법대 옆 대형
스크린에 사진과 서류 한 장을 띄웠는데요. 검찰 수사 결과 보고
서였습니다.

"재판장님, 냄새의 원인은 가발을 조립하는 데 쓰인 접착제
였습니다. 사건 당일 6시 30분경 신원을 알 수 없는 학생 한 사
람이 고데기를 사용한 다음 전원을 끄지 않았고요. 사진을 찍고

　　　　　　　　　　　　무인 점포 때문에 불안해요

나와서는 그 위에 가발을 덮어 놓고 갔습니다. 최고 온도 200℃ 가량에 이르는 고데기의 열 때문에 접착제가 녹았던 겁니다. 자칫 합성수지인 모발, 실리콘 패드까지 녹아 화재가 발생할 수 있었던 아찔한 순간이었습니다.

증인 신문 이어 가겠습니다."


검사가 다시 의상 수선실 사장에게 몸을 돌렸습니다.


"증인은 소방차가 오기 전까지 사진관 안에 머물렀던 거지요? 혹시 화재 대비 시설이 보이던가요? 천장의 스프링클러나 소화기 같은 것이요."


"아, 그런 건 없었어요. 저희 상가가 조금 오래되었거든요. 예전에 관리사무소에서 듣기로는 법적으로 설치할 의무가 있는 건물은 아니라고 하던데…"


검사가 재빨리 말을 이어받았습니다.


"맞습니다, 재판장님. 해당 건물 자체가 소방 시설을 의무적으로 설치해야 하는 곳은 아닙니다. 다만 피고발인의 매장에는 수시로 많은 사람이 드나드는데요. 고데기, 드라이기, 심지어 다리미 같은 발열 장비를 아무 제한 없이 쓸 수 있도록 했습니다. 위험한 상황이었는데 화재에는 무방비였던 겁니다.

증인 신문은 여기서 마치도록 하겠습니다."


이번에도 변호사는 억울한 표정을 짓는 무인 사진관 사장을 꾹 눌러 참도록 했습니다. 검사의 신문이 끝난 다음 변호사는 재판장의 허락을 얻어 의상 수선실 사장에게 몇 가지 반대 신문을 했는데요. 냄새만 났을 뿐 연기를 본 것은 아니라는 대답을 얻었습니다. 오전 6시와 오후 2시, 그리고 밤 10시에 사진관 사장이 주기적으로 매장을 점검하러 온다는 사실을 모르고 있었다는 답변도 들었습니다.


2

**증인**
거기 CCTV로 다 보고 있대요

양쪽 모두 더 이상 물어볼 게 없는지 확인한 재판장이 다음 순서를 이어 갔습니다.


"이제 피고발인이 요청한 증인 신문을 하겠습니다. 송서미

무인 점포 때문에 불안해요

증인이죠? 학생인데 법정에서 떨리지 않아요?"

서미는 재판장을 바라보며 천진난만한 눈빛을 반짝이고 있었습니다. 재판장은 인자한 얼굴로 증인석을 가리켰습니다.

"자, 조금 전에 본 것처럼 거기 증인석에서 선서부터 하고요. 알고 있는 그대로 편하게 이야기하면 됩니다."

재판장의 걱정과 달리 서미는 씩씩하게 오른손을 들고 선서문을 읽었습니다. 떨리기는커녕 재미있다는 듯 눈을 반짝이며 재판에 참여하고 있었습니다. 변호인이 신문을 시작했습니다.

"송서미 학생, 지금부터는 증인이라고 부르겠습니다."

"네! 그렇게 하세요!"

"네네, 이제부터는 제가 질문을 마치길 기다렸다 대답해 주면 고맙겠고요. 이 사건 당일에 무인 사진관에 갔었지요?

"네, 맞아요. 새로운 프레임이 들어와서 벼르고 있었거든요. 빤쮸를 입은 보라색 코끼리인데요, 크크크. 엄청 귀여워요! 그거

업데이트하고 나서 계속 사람이 많아서 못 찍었는데 마침 그날은 아무도 없더라고요. 그래서…"

"자, 잠깐만요. 그때가 정확히 몇 시였는지 혹시 기억해요?"

"네, 정확히 기억해요. 6시 45분이었어요! 어떻게 아냐면 2층에 있는 학원에 다니거든요. 수업이 7시에 시작하는데 마침 사진관이 비어 있어서 시간을 봤던 거예요. 같은 수업 듣는 친구한테 10분이면 후다닥 찍고 올라갈 수 있을지 물어봤어요. 함께 찍으려고요."

"증인도 매장 안에 들어갔을 때 타는 냄새를 맡았나요?"

"음, 뭔가 이상한 냄새가 난다고 느끼기는 했던 거 같아요. 그런데 마음이 급해서 별생각 없이 우선 고데기를 찾았어요. 앞머리 살짝 말아 올려야지 예쁘게 나오거든요, 헤헷."

"찾고 보니 고데기가 켜져 있었다는 거죠?"

"네, 가게 한쪽에 고데기랑 빗 같은 거 놓인 진열대랑 거울이 있거든요. 노란 가발로 덮여 있더라고요. 맞다! 가발을 들어

올렸더니 독한 냄새가 확 올라왔어요. 보니까 안쪽에 머리칼이랑 그물망을 붙여 놓은 접착제가 녹아서 엉켜 있더라고요. 고데기가 엄청 뜨거워서 손 델 뻔했어요!"

"연기가 나거나 하지는 않았나요?"

"음, 연기까지 올라오지는 않았는데요. 아무래도 가발이 많이 망가진 거 같더라고요. 그래서 입구 쪽에 있는 빨간 버튼 누르고 사장님을 찾았어요."

"사장님은 왜 찾은 거죠?"

"어, 그러니까, 나중에 저랑 친구 때문에 가발이 망가졌다고 오해할까 봐요. 거기 CCTV로 다 보고 있다고 다른 친구한테 들었거든요. 괜히 찜찜해서 미리 연락을 드린 거예요."

"사장님이 바로 응답하던가요?"

"네, 삐이 소리 한두 번 났던 거 같아요. 바로 받아서 무슨 일이냐고 물으시더라고요. 말씀드렸더니 알았다면서 고데기 플러그를 뽑아 달라고 하시더라고요. 살짝 걱정했는데 오히려 고맙다면서 연락처 알려 주면 무료 촬영 쿠폰도 주신다고 했어요. 끊고 나서 플러그를 뽑았고요. 사장님도 바로 문자로 쿠폰 보내 주셨어요! 사진을 못 찍어 아쉬웠지만 저랑 친구는 학원으로 올라갔어요."

"그럼 그때 받은 문자 내역을 지금도 확인할 수 있을까요? 받은 시각이 나올 텐데요?"

"잠시만요. 네, 있어요. 6시 53분이에요."

이전에도 비슷한 경험이 있는지 등등 몇 가지 추가 질문을 한 뒤 신문을 마친 변호사는 배심원단을 향해 당시 상황을 정리했습니다.

"앞서 검사님의 신문 내용과 검찰 수사 결과에 비추어 보면 사건 당일 오후 6시 30분경 피고발인의 매장에서 누군가 고데기 전원을 켜놓은 채 가발까지 덮어 놓고 나갔습니다. 이후 매장을 이용한 송서미 증인이 이를 발견하고 6시 53분에 전원을 껐지요. 당시 연기가 나거나 곧바로 화재가 날 정도는 아니었습니다.
다만 냄새가 바로 사라지진 않았어요. 송서미 증인이 급하게 나가느라 문을 열어 놓았고, 마침 밖에 나왔던 옆 가게의 고발인이 냄새를 맡았던 겁니다. 이후에 있었던 일은 아시는 바와 같습니다. 다소 불미스러운 일이 있었던 건 사실이지만 화재의 위험까지는 아니었습니다. 피고발인이 급히 매장으로 향했지만 마침 퇴근 시간이고 해서 차가 막혀 7시 30분 조금 넘어 도착했던 것입니다."

# ㅋ
## 피고발인
### 무인 점포라서 편할 거 같지요?

양쪽의 증인 신문을 모두 들은 재판장은 마지막으로 피고발인이 직접 입장을 밝힐 수 있도록 최후 진술 기회를 주었습니다. 무인 사진관 사장 백재욱 씨가 무거운 표정으로 자리에서 일어났습니다.

"재판장님, 고맙습니다. 제가 조금 더 신경을 썼어야 하는데 이런 재판까지 열리게 만들어 모든 분께 너무 죄송합니다. 특히 의상 수선실 사장님이 걱정을 많이 하셨다니 정말 고개를 들지 못하겠습니다.

다만 오해는 하지 말아 주셨으면 좋겠습니다. 무엇보다 제가 일하기 싫어 무인 점포를 운영하는 게 아닙니다. 무인 사진관 특성상 손님 대부분이 학생들인데요. 이것저것 자유롭게 해보고 싶어서인지 직원이 있는 걸 싫어합니다. 게다가 프랜차이즈 본 사가 내건 원칙이 24시간 운영이거든요. 솔직히 새벽 내내 일할 사람을 찾기도 어렵습니다."

여기까지 말을 마친 무인 사진관 사장은 잠시 한숨을 푹 쉬 었습니다.

"또 앞의 신문 과정에서 들으셨다시피 손님들이 많지 않은 시각을 골라 날마다 가게를 정리해야 합니다. 가발이며 옷가지 며 어지럽게 내버려두고 가기 일쑤거든요. 소지품을 잃어버리고 가는 경우도 많은데, 동네 장사라 잘 챙겨 두었다 돌려주어야 합 니다. 안 그러면 평판이 나빠지니까요.

게다가 무인 점포만의 고충도 만만치 않습니다. 현장에 없 을 뿐이지 아예 떠날 수는 없어요. 결제가 안 되는 일도 많고 기 계가 소소한 고장을 일으키기도 합니다. 조금만 불편한 일이 있 어도 아까 서미 학생이 말한 빨간 버튼을 수시로 눌러 댑니다. 그러다 보니 손님이 많은 시간대에는 멀리 가지도 못하고 근처 를 배회해요. 언제 연락이 올지 모르니까요. 차라리 가게 안에 있을 수 있으면 좋겠다는 심정이에요. 그리고 대부분 착하지만 어떤 아이들은 아무 생각 없이 비품을 집어 가기도 하거든요. 빗이나 손거울, 화장용 소품 같은 거 없어지는 건 이제 아예 포기했습니다.

화재 위험도 그렇습니다. 법이 없으면 편할 것 같지요? 절대 그렇지 않습니다. 이러저러한 설비를 갖추라고 딱 정해 주면 오히려 좋겠어요. 뭘 해야 하고 하지 말아야 하는지도 모르겠습니다. 소방 관련 교육도 받으면 좋겠지만 자격이 안 된다고 들었습니다. 스프링클러나 다른 화재 예방 장비를 설치하고 싶었는데, 건물주가 허락도 안 해줬고요. 근거 법률이 없으니 저도 고집을 부릴 수 없었죠.

변명하려고 하는 얘기는 아닙니다. 제 나름대로 조심하려고 했는데 일이 이렇게까지 이르러서 다시 한번 정말 죄송하다는 말씀을 드립니다. 앞으로 더욱 세심하게 가게를 돌보겠습니다. 고맙습니다!"

# 법정 도우미

## 법적 쟁점을 알려 드립니다

"딩동!"

난달의 알람이 배심원들의 스마트폰에 울렸습니다. 증인 신문과 피고발인 최후 진술로 재판을 마무리한 후 일주일이 지나서였습니다. 물론 재판 과정에서 양쪽이 증거로 제출한 서류와 법정에서 주고받은 이야기들은 이미 정리되어 전달한 상태였습니다.

안녕하세요. 오래 기다리셨습니다. 재판장의 고민이 깊었거든요. 이 사건의 고발인 의상 수선실 사장 고현준 씨는 피고발인 무인 사진관 사장 백재욱 씨가 형사 처벌을 받길 원했습니다. 이와 함께 무인 사진관에 영업정지 같은 행정적인 제재도 있어야 한다고 주장했지요.

재판 과정에서 보셨다시피 실제로 위험한 상황이었던 것은 맞습니다. 23분가량 전원이 켜진 채 방치되었던 고데기 때문에 가발의 접착제가 녹았습니다. 일정 시간이 지나면 자동으로 전원이 꺼지는 제품을 사용했다면 좋았겠지요. 그렇더라도 여러 사람이 사용하면서 전선이 꼬이거나 하면 합선으로 화재가 날 수도 있습니다. 다행히 불이 나지는 않았지만 위험한 상황이었고, 따라서 무인 사진관 사장이 화재 예방을 위한 준비를 충분히 하지 않았다고 볼 수도 있습니다.

그렇더라도 형사 처벌을 할 수는 없습니다. 대한민국 헌법 제13조 제1항은 "모든 국민은 행위 시의 법률에 의하여 범죄를 구성하지 아니하는 행위로 소추되지 아니한다"라고 밝히고 있습니다. 이른바 '죄형법정주의 원칙'인데요. 좀 어려운 용어죠? 쉽게 설명하면, 미리 어떤 행위가 범죄에 해당한다고 정해 놓지 않는 한, 설령 잘못을 저질렀더라도 처벌할 수 없다는 거예요. 애초에 법이 없는데 법을 어길 수 없잖아요.

재판장은 이 사건이 개인의 문제나 사건이 아니라, 누구든 비슷한 상황에 놓일 수 있으니 어떻게 대비할지를 찾기 위한 사례로 여

겨 달라고 강조했습니다. 어떤 법과 제도가 필요할지 여러분께서 의
견을 모아 달라는 것입니다. 이와 관련해 너무 막막할 수 있으니 기
존에 화재나 재난과 관련해 어떤 법들이 있는지 소개해 드리고자 합
니다.

# 1

## 쟁점 하나
무인 점포를 규제할 법이 없습니다

'다중이용업'을 아시나요? 많은 사람이 이용하는 업장으로, 화재
와 같은 재난이 발생했을 때 생명, 신체, 재산 피해가 발생할 우려가
높은 곳을 말합니다. 화재 예방과 진압에 관한 일반적인 원칙은 소방
기본법으로 정하고 있는데요. 특별히 다중이용업에 관해서는 이보다
더 강력한 보호를 하기 위해 특별법을 만들었답니다. 바로 '다중이용
업소의 안전관리에 관한 특별법'입니다.

이에 따라 국가와 지방자치 단체는 국민을 보호하기 위해 불특
정 다수가 이용하는 곳에 안전시설을 설치하고 안전관리에 필요한
조치를 해야 합니다. 업소를 운영하는 사람은 그런 조치에 적극적으
로 협조해야 하고요(특별법 제3조).

이 특별법은 고발인이 원했던 것처럼 어떤 안전시설을 갖춰야 하는지 구체적으로 정해 놓고 있습니다. 업소의 종류에 따라 스프링클러를 비롯한 소화시설, 경보설비를 갖춰야 합니다. 높은 층에 비상구를 설치하려면 추락방지 시설을 만들어야 하고요. 실내 장식물은 불에 타지 않는 재료를 쓰도록 하는 등 꼼꼼하게 의무를 부과하고 있습니다.

또 사장이나 직원은 시설을 만들어 영업을 시작하기 전에 소방 안전교육도 받아야 합니다. 한 번으로 그치는 게 아니라 기간을 정해 잊지 않도록 거듭 교육을 받습니다. 시설에 따라 배운 대로 안전관리를 해야 하는 것은 물론입니다. 이런 내용들은 업소의 종류, 영업장의 구조에 따라 나뉘어 있는데요. 숙박업소나 음식점 같은 곳들이 주로 해당합니다.

그런데 피고발인은 그런 교육을 받고 싶어도 받지 못했다고 진술했지요. 무인 점포는 '법으로 정한' 다중이용 업소에 속해 있지 않거든요. 무인 점포의 종류는 날마다 늘어나고 있습니다. 사진관뿐만 아니라 노래방, 인형 뽑기방, 아이스크림 가게, 문구점… 이미 현대인의 생활 속에 무인 점포가 깊숙이 자리 잡고 있는데요. 이 변화가 너무 빨라 법이 따라가지 못하고 있는 겁니다. 재난을 예방하는 일도, 사고가 발생했을 때 책임을 묻는 일도 어려운 상황입니다.

한편 무인 점포는 24시간 운영하는 경우가 많은데요. 기존 점포와 다른 걱정거리들이 있습니다. 같은 화재라도 밤늦은 시각에 발생하면 대응이 더 어려울 수 있습니다. 또 크고 작은 범죄가 일어나기도 쉽습니다. 고발인 역시 그런 걱정을 털어놓기도 했지요. 무인 점포뿐만 아니라 주변 가게까지 피해를 줄 수도 있다고요. 더욱이 무인 점포는 사람 없이 24시간 운영하기 때문에 화재, 범죄에 더욱 취약합니다. 그래서 단순하게 기존 법률을 그대로 둔 채 무인 점포를 다중 이용 업소에 포함하는 것만으로는 부족할 수 있다는 것입니다.

# 2
**쟁점 둘**
국가라면 당연히 국민을 보호해야죠

어쩌면 그런 의문이 들 수도 있습니다. 매장을 운영하고 이용하는 사람들끼리의 문제인데 국가, 지방자치 단체가 직접 나서야 할 필요가 있는지에 대해서요. 의도를 혼동하면 안 되는데요. 운영에 간섭하자는 것이 아닙니다. 사람을 보호하자는 것이지요. 국가는 국민의 생명과 신체, 재산을 보호해야 할 의무가 있으니까요.

무인 점포 때문에 불안해요

대한민국 헌법의 전문에는 "우리들과 우리들의 자손의 안전과 자유와 행복을 영원히 확보할 것…"이라는 문구가 나옵니다. 아울러 헌법 제30조를 통해 "타인의 범죄 행위로 인하여 생명·신체에 대한 피해를 받은 국민은… 국가로부터 구조를 받을 수 있다"라고 정했습니다. 더욱 직접적으로 제36조 제6항은 "국가는 재해를 예방하고 그 위험으로부터 국민을 보호하기 위하여 노력하여야 한다"라고 했습니다. 이에 따라 국회는 '재난 및 안전관리 기본법'을 만들었습니다.

국가가 국민을 지키기 위해 노력한다는 말을 들으면 뭐가 떠오르나요? 군대, 경찰청, 소방청이 생각나지 않나요? 그 밖에 시청이나 군청을 비롯한 행정 기관도 국민을 지키는 역할을 맡고 있습니다. 궁극적인 목적은 같더라도 각각 고유의 업무가 따로 있는데요. 다만 재난이 그런 걸 가려 가면서 일어나지는 않습니다. 대비했는데도 재난은 일어날 수 있고, 이 재난을 복구하는 일에는 너 나 할 것 없이 힘을 모아야 합니다. 그래서 통합하는 법률을 따로 만든 것입니다. 어떤 내용인지 간단하게 한번 살펴볼까요.

우선 '어떤 상황을 재난으로 볼 것이냐'부터 정해 놓았습니다. 자연재해는 물론이고요. 에너지, 통신처럼 사회의 기반을 이루는 시스템이 문제를 일으켰을 경우까지 포함되어 있죠. 예를 들어, 큰 화재로 통신 중계시설이 불타면 어떻게 될까요? 제아무리 최신형 스마트폰이라도 벽돌이나 다름없어질 겁니다. 며칠 또는 몇 달 동안 스마트폰이 먹통이 되면 재난이라고 정의할 수밖에 없겠지요. 그렇다면 무인 점포라는 새로운 공간은 어떨까요? 이곳에서 벌어질 일 가운데 재난 상황으로 고려할 부분이 있을까요?

우리나라에서 재난을 총괄하는 기구는 중앙안전관리 위원회입니다. 국무총리를 위원장으로 두지요. 여기서 안전관리에 필요한 정책을 세우고, 여러 기관 사이의 역할을 통틀어 조정하도록 했습니다. 대형 재난 상황에서 경찰은 무슨 일을, 소방청은 어디서 어떻게 일을 해야 하는지 우왕좌왕하지 않도록 말이에요. 현재는 무인 점포와 관련한 업무를 담당하는 기관이나 부서가 따로 있지는 않습니다. 사실 어떤 상황이 있을지 예측하기도 쉽지 않고요.

법을 떠나 국가가 이렇게 나서야 하는 이유가 있습니다. 재난으로 겪는 피해는 개인이 혼자 극복할 수 있는 수준을 넘어섭니다. 살고 있던 집이, 다니던 직장이 송두리째 없어져 버리지요. 한두 사람도 아니고, 마을이나 지역 전체가 피해를 입으면 당장 잠자리부터 찾기가 어렵습니다. 전기, 수도가 끊기고 철도와 도로가 망가져 떠내려가면 어떨까요? 물과 산을 다스린다는 뜻의 치산치수(治山治水)라는 고사성어를 들어 봤나요? 인류 역사 초기부터 재난에 대비하는 일은 국가의 가장 큰일이었습니다.

무인 점포 때문에 불안해요

# 재판장

## 배심원들께 바랍니다

안녕하세요, 재판장입니다. 이미 난달로부터 들어서 아시겠지만 이번 사건은 고민이 깊네요. 언제였던가요? 코로나19 바이러스로 전 세계에 감염병이 유행하면서 사람들끼리 접촉이 어려워졌던 때가 있었습니다. 사회 곳곳에서 가능한 한 비대면으로 일을 하려고 노력했습니다. 그러면서 여러 업종에 키오스크[7]가 들어왔지요.

저 역시 자주 다니던 식당이 갑자기 키오스크 시스템으로 바뀌는 바람에 당황했던 기억이 생생합니다. 판사면 뭐합니까? 뭐를 어떻게 눌러야 하는지, 결제는 어떻게 하는지 몰라 한참을 키오스크

> **7 키오스크(kiosk)** ✕
>
> 원래는 신문, 잡지나 간단한 식음료를 파는 거리의 매점을 가리키는 영어 단어입니다. 최근에는 각종 정보 서비스, 또는 판매 기능을 가진 무인 단말기를 가리키는 말로 쓰입니다. 공공 시설, 대형 서점, 백화점 등에서 이용에 필요한 정보를 키오스크로 제공하는 걸 흔히 볼 수 있어요. 또한 음식점, 카페 등에서 주문을 받거나 물건을 팔 때도 널리 쓰이고 있습니다.

앞에 서 있었어요, 하하. 심지어 로봇이 돌아다니면서 빈 그릇을 치워 주는데 너무 신기하더라니까요. 저는 그런 새로운 기술과 기계가 등장할 때마다 배려가 부족하다는 걸 종종 느끼곤 합니다. 예를 들어 키오스크 속 글자 크기가 너무 작아 저처럼 조금 나이가 있는 사람 입장에서는, 메뉴를 보고 읽는 일조차 쉽지 않거든요.

어떤 신기술이 등장하면 한참이 지나서야 일정한 기준이 만들어지고는 합니다. 그럼 왜 미리미리 법을 만들지 않느냐고요? 바로 거기에 고민이 있습니다. "미네르바의 올빼미는 황혼이 들어야 날개를 편다"라는 말을 들어 보셨는지요. 독일의 철학자 헤겔의 말인데요. 사회 현상은 그 일이 모두 마무리될 즈음이 되어서야 정확하게 파악할 수 있다는 의미입니다. 법학자들이 키오스크를 만든 게 아니잖아요. 사회적으로 나이 든 사람을 소외시키는 문제가 벌어질 걸 알 수 없었단 말이죠. 문제가 발생해야만 대책을 세울 수 있는 게 원칙입니다. 세상이 너무 빠르게 바뀌다 보니 법이 감당하기 어려운 지경인 거예요.

이를 극복하기 위해 어떤 방법이 있을지 무인 점포와 관련해 여러분의 지혜를 모아 주시기 바랍니다. 새로 등장하는 업종을 기존 법률에 재빨리 반영하도록 제도를 만들 수 있을 겁니다. 또

무인 점포 때문에 불안해요

는 무인 점포라는 커다란 카테고리 안에 가능한 한 다양한 업종을 묶을 수 있도록 포괄적인 법률을 생각해 볼 수도 있고요. 누군가 자발적으로 교육이나 지원을 원할 경우, 기존 법의 적용을 받지 않는 새로운 업종이라도 수용하는 방법도 있을 테지요. 제한을 두지 마시고 여러분의 다양한 목소리를 담아 주시기 바랍니다. 고맙습니다.

제4호

# 자율주행 믿다가 낭패예요

# 사건 내용

## 자율주행 사고의 손해배상을 청구합니다

| 원고 | 피고 |
|---|---|
| 김현정 | 주식회사 아이언카 |
| (복직을 앞둔 싱글맘) | (자율주행 자동차 생산 기업) |

"와! 직접 겪어 보니 기대를 훨씬 뛰어넘네요! 360도 사운드 시스템 덕분인지 진짜 허공에 떠 있는 것 같아요!"

과학법원 배심원단의 토론 장소이자 대기 장소로도 쓰이는 '사이버 아고라'에 처음 접속한 신입 배심원이 탄성을 내질렀습니다. 국민 배심원단은 모두 100명으로 이루어져 있는데요. 재판마다 배심원 20명을 선별해 사건에 관한 의견을 묻고 있습니다.

사이버 아고라는 최신 혼합현실 기술을 집약해 만든 3차원 가상공간입니다. 1인용 캡슐에 타고 있는 배심원들은 공중에 떠서 커다란 원형을 이루고 있는데요. 마치 우주 공간에서 지구 주변을 도는 인공위성들처럼 위아래 구분 없이 서로를 입체적으로 마주 볼 수 있도록 한 것입니다. 누군가 의견을 발표하면 다른 사람들의 캡슐은 저절로 각도가 조절되어 마주하도록 하고요. 가운데 빈 공간에 법정 도우미 난달이 홀로그램으로 자료를 띄웁니다. 모든 사람이 제각각 '정면'을 볼 수 있는 시스템이지요.

연신 감탄사를 내뱉고 있는 신입 배심원을 난달이 다른 배심원들에게 소개했습니다.

"이분은 이번 사건에서 처음으로 배심원을 맡으신 김영대 박사님입니다. 김 박사님은 과학 윤리의 세계적인 권위자이시고요. 인공지능 관련 분야에서 세계적인 IT 기업들의 자문을 맡고 계십니다.

과학법원의 자랑거리인 '사이버 아고라' 역시 박사님의 아이디어인데요. 모두가 동등한 입장에서 자유롭게 의견을 주고받을 수 있는 구조로 제안해 주셨던 겁니다."

"처음 뵙겠습니다. 난달이 요란하게 제 소개를 해주네요. 아무래도 제가 예의를 너무 차리도록 가르쳤나 봅니다, 하하."

김 박사가 입을 열자 다른 배심원들의 캡슐이 일제히 그를 향했습니다. 과학 윤리의 세계적인 권위자라는 말에 깊은 관심을 보이는 표정들이었지요. 한 사람이 호기심 어린 말투로 질문을 던졌습니다.

"과학 윤리라면 구체적으로 어떤 부분을 다루시는 거예요? 지난번 달 여행 사건처럼 환경보호 문제 같은 걸까요?"

"아… 그보다는 조금 더 직접적인 접근을 하는데요. 음, 오늘 사건이 자율주행[8] 자동차에 관한 것이지요. 예를 들어 고전적인 윤리적 갈등 상황인 '트롤리 딜레마'를 어떻게 풀 것인지는 자율주행 자동차도 마찬가지거든요.

> **8 자율주행**
> 사람이 조작하지 않더라도 인공지능에 의존하거나 외부와 통신을 하면서 교통수단이 스스로 목표한 곳으로 이동할 수 있는 기능입니다. 항공기, 선박, 철도처럼 운행 과정에 돌발 상황이 적은 분야에 이미 쓰이고 있습니다. 상대적으로 복잡한 도로 환경에서 움직이는 자동차에도 조금씩 도입되고 있지요.

아, 트롤리 딜레마가 뭐냐고요? 고장 난 기차 앞에 다섯 명과 한 명이 양쪽에 서 있을 때, 선로 방향을 틀어 누구를 다치게 할 것이냐 하는 질문이에요. 다시 말해 다수를 위해 소수를 희생해도 되느냐 하는 문제죠.

난달! 2015년 프랑스 툴루즈 경제대학교에서 발표한 논문 접속할 수 있지요? 시각화 부탁해요!"

김 박사의 말이 끝나기 무섭게 배심원들 사이의 빈 공간에 자동차 한 대가 홀로그램으로 나타났습니다. 운전석이 아닌 뒷좌석에 사람이 타고 있는 자율주행 자동차였는데요. 가파른 절벽을 끼고 빠른 속도로 달리고 있었습니다. 모퉁이를 도는가 싶었는데 갑작스레 한 무리의 사람들이 앞에 나타났지요.

자율주행 믿다가 낭패예요

"자, 이런 상황에서 여러분이라면 어떻게 하시겠습니까? 브레이크를 사용해 멈추기에는 이미 늦었습니다. 그대로 앞으로 달리면 여러 사람이 죽거나 다칠 겁니다. 대신 핸들을 꺾으면 자동차는 추락하고 여러분은 죽음을 피할 수 없겠지요."

김 박사가 설명하는 속도에 맞춰 홀로그램 영상 속 자동차에 치인 사람들이 좌우로 쓰러지는가 하면 절벽에서 떨어진 자동차가 폭발했습니다. 배심원들은 저마다 고민에 빠졌고요.

"이런 상황에서 자율주행 자동차가 어떻게 반응하도록 프로그램해야 할지 저 같은 사람들과 개발자들이 함께 연구하는 겁니다. 아직 완전 자율주행은 보편적이지 않지만 미리 대비해야 합니다. 세상이 워낙 빨리 바뀌고 있어서요."

문득 홀로그램이 사라지는가 싶더니 난달을 상징하는 혼천의에서 법정으로 이동해야 한다는 안내 멘트가 울렸습니다. 순식간에 배심원들은 법정 속 배심원석으로 이동했습니다. 난달의 낭랑한 목소리가 법정 전체에 울려 퍼졌습니다.

"지금부터 재판을 시작하겠습니다. 모두 자리에 앉아 주십시오!"

# 원고와 피고

## 변론을 시작합니다

판사 세 명으로 이루어진 재판부가 등장했습니다. 이제는 익숙한 모습으로 방청석을 향해 가볍게 고개를 숙이고 법대에 앉았지요. 오늘 재판은 전보다 접속한 방청객이 많았습니다. 직접 운전하거나 대중교통을 통해 자율주행 차량을 경험하게 될 일들이 국민 누구에게나 생길 수 있는지라 관심이 쏠린 모양입니다. 방청객이 많아서인지 원고 측과 피고 측 변호사의 얼굴에는 긴장감이 잔뜩 묻어 있었습니다. 천천히 원고와 피고 양쪽 자리를 확인한 재판장은 진행을 이어 갔습니다.

"자, 먼저 원고 측이 주장하고 있는 요지를 설명해 주시지요."

자율주행 믿다가 낭패예요

# 1
## 원고
### 아이가 다쳤어요, 자율주행 때문에

원고 측 변호사가 유난히 비장한 표정으로 자리에서 일어났습니다. 스크린에 자료를 띄우거나 난달에게 별다른 요청도 하지 않았습니다. 빈손으로 뚜벅뚜벅 배심원석 가까이 걸어가더니 무겁게 입을 열었습니다.

"이 자리에 원고 역시 나오고 싶어 했지만 제가 말렸습니다. 사정을 자세히 밝히기 어렵지만 원고 김현정 씨는 싱글맘입니다. 이제 생후 6개월이 조금 넘은 아이를 혼자 키우고 있습니다. 지난번 사고로 아이가 여전히 불안해하고 있습니다. 그래서 혼합현실로 진행하는 재판이라 하더라도 마음 편히 헤드셋을 쓰고 참여하기가 어렵습니다."

배심원들은 법정에 들어서기 전의 설렘과 흥분은 싹 잊은 채 어느덧 변호사의 호소 어린 이야기에 가만히 귀를 기울이기 시작했습니다.

"사고가 났던 날은 원고가 6개월의 육아 휴직을 마치고 회사에 복귀하는 길이었습니다. 국가 지원으로 본래 일하던 만큼의 급여를 받을 수 있는 기간이 끝났지요. 아이는 아직 너무 어렸지만 더 이상은 회사 복귀를 미룰 수 없었습니다. 다행히 회사 부속 유아원 원장님이 아이를 돌봐 주기로 했습니다.

원고는 복귀를 앞두고 갓난아이와 대중교통을 이용하기 어려워 자동차를 구입했습니다. 그것도 경제적으로 무리해서 자율주행 자동차를요. 운전 중에 핸들에서 손을 떼고 급하게 아이를 돌봐야 할 수 있으니까요. 그런데…"

원고 측 변호사는 말을 잇는 대신 잠시 배심원단을 바라보다 법대 옆 스크린 쪽으로 돌아섰습니다. 그에 맞춰 난달이 준비했던 자료를 틀었습니다. 사고 당시 차량 블랙박스에 기록된 영상과 음성이었습니다. 자동차는 달리고 있고, 차 안에서는 아이를 달래는 여성의 목소리가 들렸습니다. 갈림길이 나오자 '삑삑'거리는 경고음이 울렸습니다. 이어 운전자를 부르는 다소 급박한 기계음이 나오는가 싶더니 '쿵' 하는 충격음이 들렸습니다. 후방 카메라에는 뒤따라오던 차가 원고의 차량을 들이받는 장면이 찍혔습니다. 여성의 비명과 아이의 자지러지는 울음소리가 이어졌습니다. 변호사는 다시 배심원석 쪽으로 돌아서며 설명을 계속했습니다.

　　　　　　　　　　　　　자율주행 믿다가 낭패예요

"지금 보신 장면의 2분 전 녹음에는 계속 보채는 아이 때문에 원고가 자율주행 모드로 전환하는 목소리가 담겨 있습니다. 뭔가 탈이라도 났나 싶어 뒷자리에 있는 아이를 살피기 시작했던 것이지요. 그럴 때를 대비해 부담스러운 지출임에도 비싼 자율주행 자동차를 구매했으니까요.

그런데 갑자기 자율주행 자동차는 운전자에게 운전대를 잡으라더니 3초가 채 지나지 않아 급히 속도를 줄이기 시작했습니다. 갑작스레 속도를 줄이는 바람에 뒤차는 원고의 차와 추돌하고 말았고요.

피고 측 회사에서는 사전 정보가 알려지지 않은 도로 공사로 임시 도로가 운영되었고, 어떻게 처리할지 몰랐던 자율주행 시스템이 운전자 개입을 요구했다고 합니다. 그럴 경우 운전자는 3초 이내에 나서야 하고요. 경고음이 난 이후 속도를 줄이기 시작해 정차하도록 만들어졌다며 책임이 없다고 합니다.

하지만 사고가 난 도로는 자동차 전용 순환도로입니다. 원고 역시 그런 돌발 상황이 있으리라 예상할 수 없었습니다. 자동차도 몰랐고, 사람도 몰랐습니다. 그럼 누가 책임을 져야 할까요?"

배심원석에는 고요한 침묵이 흘렀습니다.

"다행히 크게 다치지는 않았지만 충격 때문인지 아이는 엄마인 원고 곁을 떠나지 않으려 합니다. 그런 아이를 바라보는 원고의 정신적 고통은 함부로 짐작하기 어렵습니다. 6개월의 육아 휴직을 마치고 회사에 복귀하려던 원고의 계획은 무산되었고요. 법적으로야 휴가를 연장할 수 있다지만, 회사 사람들에게 미안할 따름입니다. 혹시라도 불이익을 받지 않을까 걱정스럽기도 하고요.

다시 한번 말씀드리지만 원고는 아이 때문에 피치 못할 상황이 생겼을 때 이용하려고 자율주행 자동차를 구매한 것입니다. 누구라도 '자율주행'이 그런 상황에 도움이 될 거라, 당연하게 기대할 겁니다."

변론을 마친 원고 측 변호사가 자리로 돌아가는 동안 스크린에는 원고와 아이의 하루가 영상으로 흐르고 있었습니다. 밤낮을 가리지 않고 수시로 보채는 아이를 홀로 돌보고 있는 엄마, 아이와 함께 웃었다가 아이와 함께 우는 싱글맘의 고단한 하루가 저물고 있었습니다.

자율주행 믿다가 낭패예요

# 2
**피고**
자율주행의 미래는 이롭습니다

원고의 변론이 끝나자 재판장의 시선은 피고 쪽 자리를 향했습니다. 이미 자리에서 일어나 있었던 피고 측 변호사는 기다렸다는 듯이 역시 배심원석을 향해 천천히 걸어 나왔습니다.

"참 예쁜 아이입니다. 그렇지요? 안타까운 사고를 겪었지만 다치지 않아 정말 다행입니다. 블랙박스 영상 분석 결과, 사고 직전 뒤차는 시속 약 60킬로미터의 속도로 원고의 차를 들이받았는데요. 안전거리를 충분히 확보하고 있었다면 이 사건 재판은 열리지 않았을 겁니다.

그래도 피고 회사가 만든 튼튼한 차량에 타고 있었던 덕분에 원고도, 아이도 직접적인 부상을 입지는 않았습니다. 아이가 놀라기는 했겠지만 사실 무엇 때문에 현재 엄마와 떨어지기 싫어하는지 명확하게 알 수도 없습니다.

피고 회사가 책임을 회피하기 위해 드리는 말씀이 아닙니다. 과연 피고 회사의 잘못으로 봐야 하는지 조금은 차분하게 생각해 주시기를 바라는 것입니다. 여기 계신 배심원단 여러분은 대부분 운전자일 겁니다. 그럼 도로 위에서 얼마나 많은 일이 벌어지는지 아실 테죠."

변호사는 잠시 말을 끊고 기다렸습니다. 배심원들이 각자 운전할 때의 기억을 더듬어 보도록 기다리는 듯했습니다.

"피고 회사는 그러한 다양한 상황에 대비하기 위해 레이더 센서를 비롯해, 차량 주변을 360도 각도로 모두 비추는 고화질 카메라를 차에 장착하고 있습니다. 이 차는 피고 회사의 데이터 센터와 실시간으로 교통 정보를 주고받으며 운전자의 주행을 돕습니다. 주변에 비슷한 주행 장치를 장착한 다른 자동차와도 통신을 합니다. 엄청난 양의 데이터가 만들어지고, 처리되고 있지요. 현재의 과학기술로 할 수 있는 모든 일을 다하고 있습니다. 이 사건 당시도 마찬가지였습니다. 난달! 사고 당시 피고 회사 자동차에 입력되었던 도로에 관한 정보를 스크린에 띄워 줄 수 있지요?"

스크린에 숫자들이 어지럽게 나타났습니다.

"인간이 볼 수 있게 시각화해 주겠습니까? 네, 이제 알아볼 수 있겠네요. 여러분, 가운데 붉은 원이 원고의 차량입니다. 3차선 도로에서 2차선으로 달리고 있네요. 주변에 파란 원들은 다른 차량들인데요. 잠시만 기다려 보겠습니다. … 네, 여기가 사고 직전인데요. 카메라를 통해 새로운 정보가 들어옵니다.

난달! 그 화면을 스크린 왼쪽에 띄워 주세요. 자, 보시면 도로 200미터가량 앞쪽부터 중앙분리대가 원고가 주행 중인 2차선까지 옮겨져 있습니다. 그런데! 스크린 오른쪽 화면에는 그런 정보가 전혀 반영되어 있지 않습니다. 도로 공사를 맡은 업체에서 일정과 다르게 공사를 했던 겁니다. 그 정보를 미리 통보하지도 않았습니다.”

방청객에서 저마다 옅게 숨을 뱉는 소리, 쩝 하고 입술을 차는 소리가 들렸습니다.

“네, 맞습니다. 고속도로와 같은 자동차 전용도로에서 이루어지는 각종 공사의 경우 담당 기관이나 업체에서 실시간으로 반드시 정확한 정보를 공유해야만 합니다. 피고 회사의 차량처럼 ‘주행보조 기능’을 장착한 차량이 많아졌으니까요. 그런데 현장과 법이 따라오지 못하고 있는 겁니다.

그리고 원고 측 주장에 관해 한 가지 오류를 바로잡으려 합니다. 원고 측 변호사님은 거듭 ‘자율주행’이라는 표현을 쓰셨는데요. 어디까지나 ‘주행보조 기능’입니다. 이번 사건에서처럼 차량이 스스로 판단하기 어려운 상황에서는 운전자가 곧장 나서야 하고요. 그래서 경고음이 나면서부터 속도를 줄이기 시작해 3초 안에 운전대를 잡지 않으면 정지하도록 설계했습니다. 이 사실은 계약서에 나와 있고, 원고도 아시리라 믿습니다."

"잠깐만요, 재판장님! 이 부분에 대해서는 배심원들께서 오해할 수 있습니다. 설명을 드려야겠습니다."

원고 측 변호사가 벌떡 일어나며 이의를 제기했는데요. 재판장은 손을 저어 자리에 다시 앉도록 했습니다. 피고 이야기를 다들은 다음 시간을 주겠다고 했지요. 피고 측 변호사의 변론이 이어졌습니다.

"원고의 상황에 대해서는 피고 회사 역시 안타깝게 생각하고 있습니다. 다만 피고 회사에 책임을 물을 수는 없습니다. 할 수 있는 모든 일을 다해 주의를 기울였지만 막을 수 있는 일이 아니었기 때문입니다. 배심원들께서 신중하게 판단해 주시기 바랍니다. 마지막으로 피고 회사의 홍보용 CF 영상을 소개하겠습니다. 아마 원고 역시 보셨을 겁니다."

스크린에는 원고가 타고 있던 차의 CF 영상이 나왔습니다. 사고로 장애를 입고 외출하기 힘들어하던 사람에 대한 이야기

형식이었습니다. 주인공은 가족으로부터 자동차를 선물받았지만 망설이지요. 어렵게 차에 올라 목적지를 말하자 저절로 주행을 시작합니다. 주인공이 하는 일이라곤 운전대에 그저 손을 올려놓는 정도였는데요. 돌발 상황이 벌어지고 삑삑거리는 경고음이 울립니다. 다행히 가볍게 운전대를 건드려 방향을 지시하는 정도로 차량은 다시 안정적으로 달립니다. 운전자의 얼굴에 '이 정도라면 나도 할 수 있다' 하는 안도감 가득한 표정이 떠올랐고요.

CF 영상이 끝나자 피고 측 변호사가 다시 말을 이었습니다.

"피고 회사의 '주행보조 기능'은 저 정도 수준입니다. 이 기능은 갈수록 더욱 발전하겠지요. 그럼 장애가 있거나 고령의 나이 때문에 운전을 포기해야 했던 사람들이 다시 멀리 이동할 자유를 찾을 거고요. 원고와 비슷한 상황에 놓인 분들도 더욱 안심하고 이용할 수 있을 겁니다. 그뿐일까요? 아무리 엄격하게 처벌해도 없어지지 않는 음주운전이 아예 사라질 수 있습니다. 어린이 보호구역에서 과속하는 일도 없어질 겁니다. 시스템상 과속할 수 없게 제한될 테니까요. 그 덕분에 얼마나 많은 사람의 생명과 신체를 보호할 수 있을지 생각해 보시기 바랍니다.

이번 사고에 대해서는 다시 한번 안타깝게 생각합니다. 하지만 다행히 아이는 크게 다치지 않았고요. 무엇보다 이번 사건에서 피고 회사의 책임을 인정하면, 자칫 더 나은 미래를 향한 발걸음을 주저앉힐 수도 있습니다. 배심원 여러분의 현명한 판단을 바랍니다!"

피고 측 변호사의 반론이 끝나자 재판장은 다시 원고 측을 보았습니다. 변론 중간에 꼭 해명하고 싶다고 했던 게 무엇인지를 묻는 것이었지요. 원고 측 변호사가 자리에서 일어나 난달을 불렀습니다.

"긴말하지 않아도 되겠네요. 난달! 조금 전 영상 30초 즈음에 차량의 성능을 설명하는 자막이 있는 부분 있지요. 맞아요, 거기! 그대로 정지 화면으로 보여 주세요."

스크린에는 운전을 망설이는 주인공의 모습에서 장면이 멈춰져 있었습니다. 그 밑에 차량에 관한 정보들이 작은 글씨로 적혀 있었습니다. 속도, 에너지 효율, 각종 편의 기능이었지요. 원고 측 변호사의 지적이 이어졌습니다.

"저기 세 번째 줄 가운데 즈음에 있네요. 피고 측 변호사님, 제가 지금 형광색으로 표시한 단어를 읽어 주시겠습니까?"

"풀 셀프 드라이빙(Full Self Driving, 완전 자율주행)…"

"네, 고맙습니다. 그럼 읽어 주신 김에 뜻도 풀어 주시면 어떨까요?"

"흠흠, 제가 영어 강사로 이 자리에 선 것은 아니지요! 재판장님, 원고 측 변호사의 태도에 주의를 주시기 부탁드립니다!"

순간 법정 분위기가 살짝 얼어붙기는 했지만 더 이상 심각해지지는 않았습니다. 재판장 역시 가벼운 미소로 두 변호사를 바라보았고요. 더 할 말이 없겠냐고 묻고는 폐정을 선언했습니다.

"이것으로 오늘의 재판을 끝내겠습니다."

# 법정 도우미

## 법적 쟁점을 알려 드립니다

"딩동!"

배심원들의 스마트폰에 알람이 울렸습니다. 법정 도우미 난달이 보낸 것이었습니다. 준비한 자료에 대해 설명할 테니 과학법정에 접속해 달라는 내용이었지요.

배심원들의 토론 공간인 사이버 아고라 중앙에 자동차 여러 대가 홀로그램으로 떠 있었습니다. 제법 오래된 차량부터 최신식 차량까지 순서대로 놓여 있었는데요. 사고가 났던 원고의 차량도 눈에 띄었습니다.

어서 오세요! 법정 도우미 난달입니다. 사건에 관해 본격적으로 토론을 나눌 시간이네요. 그 전에 재판부의 부탁으로 배심원 여러분

자율주행 믿다가 낭패예요

께 자율주행 자동차에 관한 이해를 돕기 위한 법적, 기술적 설명을
드리려 합니다.

**쟁점 하나**
어디까지 '자율'로 가능한가요?

우선 자동차관리법에 따르면 "'자율주행 자동차'란 운전자 또는
승객의 조작 없이 자동차 스스로 운행이 가능한 자동차"를 가리킵니
다(제2조 1의3). 다만 지금 판매되고 있는 자동차에 법적 개념을 있는
그대로 적용하기는 어려워 보입니다. 운전자나 승객이 전혀 끼어들
지 않아도 '스스로' 운행할 수 있으려면 자동차가 의사결정권을 가지
고 있어야겠지요. 분야가 다르기는 하지만 완전히 독립적으로 상황
을 파악하고 그에 따른 판단을 내릴 수 있는 수준의 인공지능이어야
합니다. 어쩌면 저보다 발달한 시스템을 가져야겠지요. 아, 물론 자동
차 운전에 한정해서입니다, 하하.

지금까지 개발, 판매되고 있는 자율주행 자동차의 핵심은 센서
와 카메라로 주변 상황을 감지하는 시스템, 그리고 그렇게 파악한 정

보를 운행에 적용하는 중앙제어 장치로 이루어지는데요. 로봇과 컴퓨터, 정밀센서, 전자제어의 첨단 기술이 모두 동원됩니다. 그래도 아직은 완벽한 '자율'로 보기는 무리입니다.

미국 교통부는 일찌감치 자율화 정도에 따라 자동차를 5단계로 분류하기도 했는데요. 레벨 0은 주행 과정이 전적으로 운전자에게 맡겨집니다. 사이드미러로 볼 수 없는 사각지대에 다른 차량이 있으면 경고하는 정도이지요. 레벨 1은 차선을 유지하도록 하거나 운전자가 엑셀, 브레이크를 조작하지 않아도 설정한 속도대로 달리게 합니다. 레벨 2에서는 차선 유지와 속도 조절 두 가지를 모두 자동차가 맡습니다. 이 단계까지는 운전자가 항상 도로를 지켜보고 있어야 하지요.

레벨 3부터 어느 정도 자율주행이라고 할 수 있습니다. 목적지만 정해 주면 운전은 자동차가 맡아서 하는 건데요. 운전자가 도로에서 눈을 떼도 됩니다. 다만 특정 도로에서만 가능합니다. 신호 체계가 갖춰지지 않은 길이나 사람과 자동차가 어지럽게 뒤섞이는 골목 같은 곳은 무리입니다. 자율주행으로 운전하다가도 자동차가 알아서 판단하기 어려운 곳으로 들어서면 사람에게 운전대를 맡아 달라고 합니다. 이 사건의 피고 회사 차량이 여기에 해당하겠네요.

레벨 4는 고도로 자동화된 자동차입니다. 여전히 운행 가능한 도로가 따로 있기는 하겠지만 레벨 4의 운전자는 승객이나 다름없는 수준으로 변합니다. 운행 상황을 지켜볼 필요 없이 목적지에 도달할

자율주행 믿다가 낭패예요

때까지 차에게 모든 걸 맡겨 놓으면 됩니다. 레벨 4 자동차는 무인
버스, 무인 택시로도 운행 가능해집니다.

그리고 레벨 5는 제한 도로 같은 한계가 없는 완전한 자율주행
자동차입니다.

# 2

**쟁점 둘**
3초의 시간은 누구의 책임일까요?

앞서 살펴보았듯 레벨 3에서는 모호한 영역이 있습니다. 분명히
레벨 3 자동차는 자율주행을 할 수 있습니다. 다만 자동차가 알아서
대처하기 어려운 돌발 상황이 발생할 수 있습니다. 인간이 필요해지
는 것인데요. 이러한 돌발 상황에서 사고가 발생하면 자동차 회사와
인간 중 어느 쪽이 책임을 져야 하느냐가 가장 큰 쟁점입니다.

재판 과정에서 들으셨다시피 원고는 어린아이를 돌봐야 할 사
정 때문에 피고 회사의 차량을 구매했습니다. 자율주행 기능이 없는
일반 차량보다 비싼 가격을 치렀죠. 원고의 주장에 따르면 그런 사
정을 피고 회사의 판매원에게 설명하기도 했습니다. 자동차가 요청
하면 3초 이내에 운전대를 잡아야 한다는 사실은 알았습니다. 다만
뒷좌석에 있는 어린아이를 돌보다 경고음을 듣는 즉시 운전대를 잡

기 어려웠다고 합니다. 자동차 전용도로였고, 사람의 눈으로 보기에 도로 앞쪽에 특별히 조심해야 할 사정이 보이지도 않았습니다.

한편 피고 회사는 애초에 자율주행을 보장하지 않았다는 입장입니다. 운전대에서 손을 뗄 수 있는 기능이 '있는 것'과 실제로 손을 떼도 된다고 '약속하는 것'은 다르다는 겁니다. 그래서 TV 광고 문구에 '자율주행'이라는 문구가 적혀 있어도 정식 명칭은 어디까지나 '주행 보조 기능'이라는 겁니다. 원고와 체결한 계약서에도 그렇게 나와 있다는 주장입니다. 자동차가 인지하기에 지도에 없는 새로운 도로가 갑작스레 나타났고, 어느 쪽이 진짜인지 알 수 없어 운전자의 개입을 요청했다는 것이지요.

양쪽의 주장이 엇갈리는 부분은 3초라는 시간에 있습니다. 피고 회사는 일단 운전자에게 나서 달라고 한 만큼 그 이후 발생한 사고는 원고의 책임이라는 입장입니다. 반면 원고는 돌발 상황에서 그렇게 즉시 운전대를 잡아야 한다면 자율주행 기능은 의미가 없다는 주장입니다. 게다가 3초가 지나기도 전에 이미 자동차는 멈추기 시작했지요. 그동안 발생한 사고이기에 피고 회사의 책임이라는 것입니다.

자율주행 믿다가 낭패예요

# 재판장

## 배심원들께 바랍니다

배심원 여러분 안녕하십니까, 재판장입니다. 늘 그렇지만 저희 과학법원에 오는 사건은 사람들 사이의 갈등에 그치지 않습니다. 우리 사회의 미래를 다루는 차원의 일이지요. 얼마 전 저도 처음으로 자율주행 버스를 타봤는데요. 스스로 정류장을 찾고, 사람이 타고 내리는 걸 기다리는 버스가 그저 신기하기만 할 따름이었습니다. SF 영화가 머지않은 현실이겠지요.

난달로부터 자율주행과 관련해 중요한 기술적 쟁점은 들으셨을 테니까, 저는 교통사고가 났을 때 일반적인 법적 책임에 관해 보충 설명을 드리고자 합니다. 자동차의 운행으로 다른 사람이 죽거나 다치면 자동차 소유자나 운전한 사람이 손해배상을 해야 합니다(자동차손해배상 보장법 제5조 제1항).

이 사건의 경우 뒤차 운전자에게 '다른 사람'은 원고와 아이였습니다. 원고의 차량을 뒤에서 들이받았기에 일정 부분 뒤차 운전자에게 책임이 있습니다. 충분한 안전거리를 지키지 않았고, 전방주시 의무를 소홀히 하는 바람에 사고를 일으켰으니까요. 그 부분은 차량 운전자가 가입한 보험 회사에서 손해배상을 했습니다. 아, 다행스럽게도 아이는 많이 좋아졌다고 합니다.

문제는 도로 가운데에서 급정거를 한 원고의 차량에 있습니다. 사고로 승객인 아이가 다쳤기 때문에 어머니인 원고에게도 원칙적으로 손해배상 책임이 있다고 볼 수 있습니다. 원고가 운전자였기 때문에 아이는 '다른 사람'입니다. 원고는 이에 대해 자신이 아니라 피고 회사의 잘못이라면서 이 사건 소송을 제기한 것입니다. 아이를 다치게 한 사람이 어머니인 자신이라는 법적 판단을 받아들일 수 없다는 것입니다. 나아가 사고로 육아 휴직 기간을 연장하게 됨에 따라 받을 수 없게 된 급여, 그리고 정신적 피해를 배상해 달라는 것입니다.

한편 원고의 주장과는 별개로 여러분이 생각해 주셨으면 하는 부분이 있는데요. 피고 회사는 변론 과정에서 도로 공사가 갑작스레 진행된 점을 통보받지 못했다고 지적했습니다. 새로운 도로가 만들어지는 바람에 피고 회사의 차량은 마치 도로가 2개

자율주행 믿다가 낭패예요

인 것으로 받아들였다는 겁니다. 앞으로는 그런 정보를 미리 자동차 운행 회사와 주고받도록 법적으로 보장해야 할까요?

　　　　　　　　　　　　🔍

　　앞으로 자율주행 자동차가 점점 늘어나리란 것은 틀림없는 사실이겠지요. 혹시 그런 시대에 대비해 지금과는 다르게 정비해야 할 법과 제도는 없을까요? 신호 체계라든가, 자율주행이 아닌 차량과는 어떻게 조화를 이룰지⋯ 법률 전문가인 저로서는 한계가 있답니다. 아시다시피 여러분이 의견을 내주셔야 국회에 전달해 반영할 수 있으니까요. 그럼 수고해 주시기 바랍니다. 고맙습니다.

제5호

# 인공장기 수명이 필요해요

# 사건 내용

## 인공장기 법률 제정을 요청합니다

원고

이인성
(인공장기를 이식한 생명공학자)

피고

대한민국

재판장 일행은 희미한 불빛 아래 창문조차 없는 좁은 방에 서 있었습니다. 엄청나게 까다로운 보안 검색을 거친 끝이었어요. 가지고 온 소지품들을 모두 맡겨야 했고, 겉옷부터 속옷까지 모조리 하얀 가운으로 갈아입어야 했습니다. 어쩐지 온몸을 샅샅이 훑는 듯한 느낌의 긴 통로. 일행은 서로 곁눈질을 하며 통로를 빠르게 지났습니다.

막상 도착한 곳에는 아무도 기다리고 있지 않았습니다. 왠지 모를 중압감에 누구도 입을 열지 못하고 있었는데, 어느 순간 미세한 진동이 시작되었습니다. 방 전체가 아래로 가라앉고 있었던 것입니다.

인공장기 수명이 필요해요

"어서들 오십시오!"

큰 목소리로 인사를 하며 모습을 드러낸 사람은 휠체어를 탄 노인이었습니다.

"허허, 오시는 길이 조금 불편하고 번잡하다 싶었을 텐데요. 장담하건대 여러분이 계신 지금 이곳은 전 세계가 탐내는 장소랍니다. 들어오고 싶어 하는 사람들이 줄을 섰죠. 백억, 천억, 아니 몇조 원이라도 좋으니 돈은 얼마든지 내겠다는 사람도 있습니다. 아예 이곳 때문에 우리나라에 쳐들어오겠다는 협박까지 합니다. 농담 아니에요, 허허."

이곳은 누구도 두 눈으로 직접 본 사람은 없지만 소문만은 무성했던, 에덴 생명공학 연구소의 비밀 벙커였습니다. 농구 코트 2개를 합쳐 놓은 듯한 커다란 방이었습니다. 재판장 일행의 앞에는 냉장고처럼 보이는 커다란 장비와 컴퓨터, 크고 작은 시험관이 복잡하게 놓여 있었습니다. 전체적으로 어두운 공간 곳곳에 빨강, 초록 불빛이 깜빡였습니다. 그리고 전동 휠체어를 타고 일행 앞에 나타난 이 노인 말고 다른 사람은 보이지 않았습니다.

"조금 어둡죠? 제 눈은 너무 강한 빛에 노출되면 안 되어서요. 아직은 실험적인 단계라, 제 장기들이 면역력이 약할 수도 있어서 전 거의 이곳에만 머무르고 있답니다. 돌아다니다 누군가에게 잡혀갈까 무섭기도 하고요, 하하하. 딱히 재미도 없는 농담인데 자꾸 웃음이 나네요. 제가 극소수의 연구원들 외에는 바깥 사람을 못 보고 있거든요."

그렇게 말해서인지 노인의 표정은 어딘지 쓸쓸하고 외로워보였습니다. 놀랍게도 이 노인은 컴퓨터 시스템과 인간의 신경을 연결하는 연구로 세계적인 명성을 얻은 생명공학자 이인성 박사였습니다. 이인성 박사는 오래전 심각한 교통사고를 당했다는 뉴스가 나온 이후 세상에 모습을 드러내지 않고 있었죠. 그 사고로 가족을 모두 잃고 기적처럼 홀로 살아남았다는 소식이 마지막이었습니다.

"여기까지 와주셔서 고맙습니다. 제 연구 성과를 직접 보지 않고는 이 사건 재판이 제대로 이루어질 수 없다고 판단했습니다. 그래서 재판장님과 법무부 관계자, 배심원단을 대표하는 몇 분을 이곳으로 모시기 위해 간곡히 부탁드렸습니다.

과학법원은 혼합현실로 진행한다는 사실은 알고 있습니다. 하지만 오히려 그 때문에 제가 온라인에 접속하기를 기다렸다

인공장기 수명이 필요해요

해킹을 시도하는 세력이 있을 수도 있거든요.

이곳은 지구상 어떤 네트워크와도 연결되어 있지 않습니다. 심지어 전력마저 자체 생산해 사용하고 있습니다. 자세히 살펴보시면 아시겠지만 사용하는 컴퓨터에 별도의 저장 수단도 없습니다. 기록은 모두 제 두뇌와 연결된 보조기억 장치에만 들어 있지요."

이인성 박사가 손가락으로 자신의 관자놀이 부근을 지긋이 가리키며 말했습니다.

"네, 이미 아시겠지만 제 몸속의 장기는 상당수가 인공입니다. 원래의 몸에 적응하기 쉽도록 만들 때부터 바이오칩[9]을 내장했지요. 인간의 신체와 컴퓨터를 연결하는 실험이야 이미 1998년 영국의 케빈 워릭 교수가 성공했지요. 영국의 로봇학자 피터 스콧 모건 박사는 스스로 사이보그[10]가 되겠다며 2019년부터 수술을 시작하기도 했습니다. 그런 노력들이 제 연구로 완성되었다고 할 수 있습니다.

이해를 돕기 위해 '바이오칩'이라

> **9  바이오칩**
>
> 동식물 생명체에 있는 세포, 단백질, 유전자 같은 유기물과 기존 반도체인 무기물을 조합한 새로운 형태의 반도체입니다(이 책에서는 가상의 인물인 생명공학자 이인성이 인공장기와 결합해 작동하도록 만들어 낸 컴퓨터 시스템을 가리킵니다).

> **10  사이보그**
>
> 두뇌를 제외한 손발, 장기 등을 기계 장치와 결합해 개조한 인간을 가리킵니다. 대개 장애를 극복하기 위해, 또는 원래의 신체를 뛰어넘는 성능을 부여하기 위해 만듭니다. 인간의 지적 능력을 그대로 유지하기 때문에 로봇과는 다른 존재이지요.

고 통틀어 부를 뿐 하나의 칩이 아닙니다. 각각의 인공장기에 초소형 컴퓨터가 달려 있다고 생각하면 쉽습니다. 인공장기 스스로의 판단에 따라 필요한 일을 하는 거지요. 실제 사람의 장기처럼 자율신경계를 갖춘 셈입니다. 동시에 연결된 두뇌의 지시에 따르기도 하고요. 쌍방향 소통이 핵심입니다. 인공장기의 활용도를 높이는 일은 물론이고, 기계와 사람의 몸을 잇는 일 역시 쉬워졌습니다."

이인성 박사는 휠체어의 방향을 약간 틀더니 빙그레 웃음을 지으며 물었습니다.

"제가 타고 있는 휠체어의 제어 장치가 보이나요?"

그러자 재판장 일행은 고개를 낮춰 휠체어를 훑어보았습니다.

"찾지 마세요. 없습니다. 두뇌가 보내는 뇌파 신호에 따라 제 뜻대로 움직이니까요. 실제 다리와 다르다는 느낌조차 거의 없습니다. 거기서 끝이 아닙니다. 언제라도 다른 종류의 로봇 다리로 바꿀 수 있습니다. 이게 얼마나 위험한 일인지 소송을 통해 밝히도록 하겠습니다. 여기서는 우선 제 말이 허황되지 않는다는 사실을 보여 드려야 하니까요.

인공장기 수명이 필요해요

참, 지금까지의 연구 성과들은 제 두뇌와 연결된 장치에만 있다고 말씀드렸지요. 보안을 지키기 위해서인데요. 제 심장이 멎는 순간 파괴되도록 장치했습니다. 지하 30미터에 있는 이 방도 통째로 매몰되도록 했습니다. 혹시나 제가 돌연사라도 하면 여러분 모두 곤란할 수 있겠지요. 이건 농담이 아닙니다.

이제 연구 과정과 결과물을 직접 보여 드리겠습니다. 따라오십시오!"

재판장 일행이 별 탈 없이 지하 비밀 벙커 연구소를 빠져나온 지 일주일이 지났습니다. 과학법원에서는 제5호 재판이 열렸습니다. 평소와 달리 법정은 한적한 모습이었습니다. 재판장 직권에 따라 대중에 비공개로 진행하기 때문이었습니다. 인공지능 법정 도우미 난달에게도 사전에 관련 정보가 제공되지 않았습니다. 재판장은 해킹 시도가 없는지 방화벽을 점검해 달라는 명령만 몇 차례 내렸습니다.

이윽고 정해진 시각이 되자 난달은 재판 시작을 알렸습니다.

"지금부터 재판을 시작하겠습니다. 모두 자리에 앉아 주십시오!"

# 원고와 피고

## 변론을 시작합니다

### 1
**원고**
영원불멸의 삶을 막아야 합니다

"안녕하세요, 재판장입니다. 오늘은 분위기가 사뭇 다르군요."

과연 이번 재판이 열리는 혼합현실 법정 안에는 평소와 달리 묘한 침묵과 긴장이 잔잔하게 흐르고 있었습니다. 재판장은 법정 안을 빠르게 살피고는 다시 입을 뗐습니다.

인공장기 수명이 필요해요

"사건 개요는 다들 아시겠지만 그에 관한 구체적인 자료를 드리지 못했습니다. 대신 저와 법무부 관계자들, 배심원단을 대표한 두 분이 직접 원고의 연구소를 방문해 현장 검증을 했습니다. 법정에서도, 사이버 아고라에서도 재현해 보여 드리지 못하는 점을 배심원 여러분께 양해 구합니다.

원고 측은 대리인이 출석했네요? 원고 이인성 박사가 대주주인 주식회사 에덴의 사내 변호사이죠? 에덴 생명공학 연구소는 직접 보신 적이 있는 거지요?"

원고 측 변호사가 기다렸다는 듯 재빨리 대답했습니다.

"네, 그렇습니다. 저는 원고가 개발해 의료 시장에 공급하고 있는 인공장기들과 관련한 법적 업무를 전담하고 있습니다. 이번 사건의 대상인 바이오칩에 관해서도 역시 개발 단계에서부터 관여해 왔습니다."

"좋습니다."

재판장이 고개를 끄덕이며 이번에는 피고 측으로 시선을 돌렸습니다.

"대한민국이 당사자인 재판은 법적으로 법무부 장관이 대표하도록 하고 있는데요. 법무부 소속 변호사가 출석했지요?"

정말로 피고 측 자리에는 법무부 소속 변호사가 출석해 있었습니다. 각종 민사 소송, 행정 소송, 국가배상 소송에서 대한민국이 원고 또는 피고를 맡을 경우 '국가를 당사자로 하는 소송에 관한 법률' 제2조에 의해 법무부 장관이 국가를 대표하도록 정하고 있으니까요. 법률 관련 사항인 만큼 행정 각부 중에서 법무부가 담당하는 게 자연스럽기 때문이에요.

재판장이 변호사를 향해 입을 열었습니다.

"이번 사건에 관해 법무부 장관님도 잘 알고 있나요?"

"네, 알고 계십니다. 관련해서 법무부에 대응팀을 만들도록 지시를 받았습니다. 과학기술정보통신부를 비롯한 관련 부처들의 의견 역시 취합하고 있습니다."

"그렇군요. 이미 잘 알려진 사실이지만 원고의 연구소는 대한민국을 바이오산업 강국으로 자리 잡도록 했습니다. 전 세계수많은 환자가 '메이드 인 코리아'가 새겨진 심장, 폐, 신장 덕분에 살고 있지요. 인류의 평균 수명을 늘리고 있다고 해도 과언이 아닐 겁니다. 그런 원고가 국가를 상대로 소송을 시작했으니 그럴 만하겠지요.

원고 측 변호사님, 정확히 뭘 바라는 겁니까?"

원고 측 변호사는 자신만만한 얼굴로 이야기하기 시작했습니다.

"네, 고맙습니다. 특별한 절차를 허락해 주신 점 다시 한번 감사합니다. 소장에 적힌 바와 같이 원고의 청구는 간단합니다. 원고가 개발한 CKRFV0826 시스템, 편의상 '바이오칩'이라고 하겠습니다. 바로 이 바이오칩의 작동 기한을 대한민국이 정해 달라는 것입니다. 특정 개인이나 기업에게 맡겨 놓기에는 인류에 끼치는 영향이 너무 크다고 판단했기 때문입니다."

'인류'라는 단어에 이야기를 듣는 배심원들의 표정이 여느 때보다 사뭇 비장해졌습니다.

"이해를 돕기 위해, 기술적인 부분을 배제하고 바이오칩에 관해 설명해 드리도록 하겠습니다. 원고가 바이오칩 개발에 몰두한 배경에는 개인적인 비극이 자리하고 있습니다. 아시다시피 원고는 지금으로부터 20여 년 전 심각한 교통사고를 당했습니다. 사랑하는 아내와 결혼을 앞둔 딸이 사고 현장에 함께 있었지요. 두 사람은 중상을 입고 끝내 목숨을 잃었습니다."

원고 측 변호사의 이야기에 맞춰 스크린에는 20년 전에 일어난 교통사고 현장 영상이 비치고 있었습니다. 도로 한복판에 차가 전복되어 있고 구급차와 응급대원들이 주위를 에워싸고 있었죠.

"원고는 당시 이미 인공장기[11] 분야의 세계적인 권위자였지만 생명이 위중했던 아내와 딸에게 아무런 도움을 주지 못했습니다. 두 사람은 다발성 장기 손상을 입었고, 그런 상황에서 대체할 수 있는 인공장기는 존재하지 않

> **11 인공장기** ☒
>
> 질병이나 사고로 손상된 사람의 장기를 대체할 수 있도록 만들어진 장치입니다. 인공 소재와 전자기기를 이용해 실제 장기와 비슷한 기능을 하게 합니다. 인공심장, 인공자궁이 대표적입니다. 넓은 범위에서는 다른 동물의 조직이나 장기를 인간에게 이식하는 것까지 포함합니다.

았으니까요.

대표적인 문제가 자율신경계였습니다. 아시겠지만 숨을 쉬는 것과 달리 심장의 박동이나 위와 장의 소화 기능은 사람이 조절할 수 없습니다. 두뇌와 장기들이 알아서 하는 겁니다. 규칙적인 박동만 가능한 수준의 기존 인공심장은 그 한계가 분명했습니다."

인공장기 수명이 필요해요

변호사는 말 한마디 한마디에 힘을 주고 있었습니다.

"원고의 새로운 시스템 '바이오칩'은 자율신경계까지 운영할 수 있도록 한 것입니다. 인공장기들끼리는 물론 원래 있는 장기와 소통하면서 자연스레 한 몸으로 작동할 수 있도록 만들었습니다. 두뇌는 대체된 인공장기와 원래의 몸을 차별하지 않습니다. 뇌만 살아 있다면, 낡은 부품을 바꾸듯이 얼마든지 새로운 육체로 살아갈 수도 있습니다. 그야말로 생명공학의 혁명입니다! 인류가 죽음마저 극복할 수 있는 길이 열린 것입니다. 왜 원고가 보안에 그토록 신경을 썼는지 이해하실 수 있겠지요."

'혁명'과 '죽음'이라는 말을 할 때 변호사는 가슴팍 앞에 주먹을 쥐어 보였습니다. 말을 하다 보니 점차 벅차오른 듯했어요. 재판장은 작게 헛기침을 하고는 달래듯 말했습니다.

"예, 계속 말씀해 보세요."

"네, 대신 많이 의아하실 겁니다. 그렇게 중대한 업적을 곧장 세상에 알리지 않는 대신 소송을 제기한 이유가 뭘까요. 말씀드린 것처럼 원고가 연구에 매진한 계기는 가족을 잃게 만들었던 사고입니다. 바이오칩은 후천적으로 또는 선천적으로 장기에 중

대한 결함이 있는 사람들을 위한 것입니다. 하지만 원고의 기술은 자칫 탐욕의 대상이 될 수 있습니다.

바이오칩의 뛰어난 성능을 이용하면 인간의 몸과 기계를 자유롭게 결합시킬 수 있습니다. 원고는 휠체어와 자신의 몸을 직접 연결해 봄으로써 어느 정도 성공을 거두었습니다. 게다가 이와 관련한 연구는 원고만 하고 있는 것이 아닙니다. 미래에는 사람의 몸을 어떤 기계가 대체하게 될지 모릅니다. 그 옛날 공상 과학이 현실이 되는 겁니다. 상상조차 할 수 없는 괴물이 탄생할 수도 있습니다. 잘못된 정치 지도자의 손에 들어가면 군사적 용도로 쓰일 수도 있고요."

그러자 몇몇 배심원이 고개를 절레절레 가로저었습니다.

"또한 당장은 현실적으로 누구나 바이오칩의 혜택을 누릴 수 있는 것도 아닙니다. 재력에 따라 수명이 극적으로 달라질 수 있다는 말이죠. 보통 사람들보다 2배, 3배 오래 사는 사람이 나올지도 모릅니다. 그럼 누군가는 원래부터 가지고 있던 부에 새로운 지식과 경험을 더해 가면서 평범한 사람과는 완전히 다른 존재가 될 수도 있겠지요. 인간을 뛰어넘는 신적인 존재가 등장하게 되면 어떨까요? 과학이 극도의 불평등을 낳는 겁니다."

법정이 조용했습니다. 배심원단을 비롯해 재판장까지도 골똘히 생각에 잠긴 모양이었습니다. 변호사는 온몸에 잔뜩 주었던 힘을 빼고는 자세를 고치며 말을 이어 갔습니다.

"한편 원고는 자신의 몸에 실험을 거듭하면서 공포를 느꼈다고 합니다. 인공장기와 기계 부품으로 몸을 바꾸는 사이 더 이상 인간이 아닌 존재가 되어 가는 것처럼 여겨졌다는 거지요. 물론 그런 경험은 실험으로 입증할 수 있는 성질은 아닙니다. 어쩌면 원고의 걱정이 낳은 상상일 수도 있지요. 하지만 더는 타고난 몸이 아닌 완전히 새로운 몸을 가지고 있어도 여전히 같은 사람이라고 할 수 있을까요? 그의 걱정이 괜한 것일까요?

따라서 원고는 국가가 개입해 바이오칩에 일종의 수명을 정하는 법률을 만들어 달라고 하는 겁니다. 애초에 필요 이상으로 오랜 기간 생존할 수는 없게 만드는 것이죠. 바이오칩으로 장애와 노화를 극복하는 긍정적인 효과를 누리되, 부작용을 최소한으로 줄이는 법적 장치가 필요하다는 것입니다.

또한 대한민국이 앞장서 법률을 정하고, 그 표준에 맞춰 원고가 바이오칩을 생산한다는 의미도 있습니다. 그 과정에서 국제 규범으로까지 이끌어야겠지요. 그 일에 부작위, 즉 '아무 일도 하지 않고 있는 것'은 불법이라고 주장하는 바입니다. 이제 인류의 미래는 대한민국에 달려 있습니다.

마지막으로 원고가 직접 재판부와 배심원단에 전하고 싶은 말이 있다고 합니다. 오늘 아침 영상 메시지를 전달해 왔는데요. 허락하신다면 난달을 통해 재생하겠습니다. 재판장님?"

재판장은 서둘러 고개를 끄덕였습니다. 허락을 한다기보다 빨리 메시지를 보고 싶어 안달하는 것처럼 보일 정도였어요. 법정 한가운데에 원고 이인성 박사의 홀로그램 입체 영상이 떠올랐습니다. 지난번 만났을 때처럼 휠체어에 앉아 있었지요.

"안녕하세요, 재판장님! 지난번 연구소를 방문해 주신 점 다시 한번 감사드립니다. 문득 제가 죽으면 연구소까지 매몰된다는 얘기에 잠깐 긴장하시던 표정이 떠오르네요. 실은, 절반만 사실입니다. 그런 상황이 오더라도 지상으로 빠져나갈 수 있는 시간은 설정해 뒀습니다. 제가 같이 일하는 연구원들을 희생시킬 만큼 냉혈한은 아닙니다, 하하하.

그런데요. 제가 진짜 냉혈한, 아니 뱀파이어가 되고 있는 기분입니다. 아마 배심원단 중에는 제가 왜 소송을 시작했는지 여전히 의아한 분들이 있을 겁니다. 바이오칩 작동 기한이든 뭐든 알아서 정하면 될걸, 법을 만들어야 한다고 하니 말입니다. 그것도 국가를 상대로 재판까지 열어 가면서 말이죠. 그 말씀을 드리려고 이 영상을 찍고 있습니다.

인공장기 수명이 필요해요

앞서 저희 변호사에게 들으셨겠지만 저는 사고로 아내와 딸을 잃었습니다. 인공장기를 연구하는 생명공학자로서 가족을 살리지 못했다는 회한에 너무나 고통스러웠습니다. 그 고통이 저를 필사적으로 연구에 매달리게 만들었고요. 결국 바이오칩 개발을 성공하게 되었습니다. 지금이라면 두 사람을 살릴 수 있었을 겁니다.

보람은 있습니다. 저희 연구소가 개발한 인공장기들은 전 세계 수많은 사람의 생명을 살렸습니다. 다만 제가 할 수 있는 일은 한계에 다다랐습니다. 많이 지쳤습니다. 사실 이미 늦었지요. 진작 후배들에게 자리를 물려줘야 했습니다. 이제 조용히 쉬면서 신이 허락한 남은 시간을 보내야겠지요. 어쩌면 너무나 소중했던 가족들을 다시 만날 수도 있을 겁니다.”

이인성 박사는 여기서 잠시 말을 멈췄습니다. 문득 옛일이 떠올랐는지 미소를 짓는가 싶더니 금세 다시 어두워졌습니다. 뒤섞이는 오만가지 감정을 정리하느라 약간은 고통스러워 보이기까지 했습니다.

“말을 잇기 힘든 걸 보니, 제가 아직은 분명히 사람인 모양이네요. 결론부터 말씀드리겠습니다. 저는 스스로 제 수명을 제한할 자신이 없습니다. 외롭고 힘듭니다. 아내와 딸아이는 오래

전에 제 곁을 떠났지요. 얼마 되지 않는 친구들조차 그렇습니다. 빠르게 변하는 세상이 낯설어 보안을 핑계로 지하 연구소 밖으로 나가지 않은 지도 한참 되었습니다. 하늘이 정해 준 수명만큼만 살다 눈을 감고 싶다, 머리로는 그런 생각을 합니다.

하지만 오래 살고 싶은 욕망이 더 강합니다. 제가 그러려고 하면 할 수 있으니까요. 바이오칩과 다른 기술을 결합하면 영원에 가깝게 살 수도 있을 겁니다. 무언가 하고 싶은 일이 있거나 기대하는 즐거움이 있어서 살고자 하는 게 아닙니다. 생존 본능에 떠밀려 깊은 지하 연구소에서 그저 죽지 않는 것뿐이지요. 뱀파이어처럼요.

그나마 저는 뭔가 잘못되었다는 생각이라도 합니다. 하지만 대개는 영생이 어떤 것인지 고민해 보지도 않은 채 일단 욕심부터 냅니다. 돈과 명예가 넘치는 사람들이지요. 그들이 어떻게 알았는지 바이오칩을 노리고 있습니다. 변호사에게 들으셨겠지만 그런 탐욕스러운 사람들이 어쩌면 죽지 않고 영원토록 이 세상을 차지할지도 모릅니다. 그럼 어떤 일이 벌어질까요?… 대한민국이, 국가가 나서서 그런 일을 원천적으로 막아야 합니다."

인공장기 수명이 필요해요

# 2

**피고**
인공장기는 인류의 축복이 될 겁니다

이인성 박사의 말이 끝나고 홀로그램이 꺼진 뒤에도 법정에는 한동안 침묵이 흘렀습니다. 원고의 깊은 고민에 함께 빠진 듯이 누구 하나 쉽게 입을 열지 못했습니다.

재판장은 무거운 짐을 떠넘기듯이 피고 측 변호사에게 눈길을 줬습니다. 반론을 제기하라는 소리 없는 진행이었습니다. 분위기에 떠밀린 변호사가 주춤거리며 자리에서 일어났습니다.

"흠흠, 원고의 말씀 잘 들었습니다. 대한민국 정부를 대신해 입장을 밝히겠습니다. 원고가 소송을 제기한 이후 관계 부처의 다양한 의견을 모았습니다. 결론은 정부에서 일방적으로 방향을 정할 수는 없다는 것입니다. 우선 과학법정 배심원단의 판단을 구하고, 나아가 국민 전체의 뜻을 모으는 절차도 필요하리라 봅니다. 다만 그와 같은 논의를 시작하기 위한 방법으로 본 법정에서는 일단 반대 입장에서 변론하도록 하겠습니다."

피고 측, 대한민국 법무부 장관을 대리해 나온 법무부 소속 변호사는 긴장이 되는 듯 입술에 침을 바르고는 말을 이어 갔습니다.

"우선 원고가 주장하는 위험성은 너무 막연합니다. 인류는 늘 새로운 기술이 등장할 때마다 고민했습니다. 옛사람들은 문자를 사용해 기록을 남길 수 있게 되자 기억력이 쇠퇴할지 모른다는 걱정을 했습니다. 아날로그 시대에서 디지털 시대로 넘어갈 무렵에도 비슷한 우려가 있었지요. 컴퓨터 때문에 사람이 머리를 쓰는 일이 없어질까 봐요.

그런데 정말 그렇게 되었나요? 원자폭탄이 만들어졌을 때 인류는 세상이 곧 멸망할 것이라는 공포에 휩싸이기도 했습니다. 하지만 인류는 잘 극복하고 있습니다.

게다가 우리는 이미 인공장기로 살고 있습니다. 태어날 때부터 눈이 나빴던 저는 평생 안경을 써왔습니다. 얼마 전 이가 좋지 않은 저희 어머니에게 임플란트 시술을 해드리기도 했지요. 여기 계신 모두는 과학법정에 접속하기 위해 혼합현실용 고글을 쓰고 있기도 합니다. 정도의 차이가 있을 뿐 우리는 이미 꾸준히 인공장기에 적응하면서 살아오지 않았을까요? 그렇다고 사람이 아닐 수는 없습니다."

법정 안은 여전히 침묵이 흘렀습니다. 하지만 아까 전과 같은 무거움을 조금 사라진 듯했습니다. 긴장이 풀려 머리카락을

인공장기 수명이 필요해요

넘기거나 조용히 코를 훌쩍이는 배심원단의 모습도 보였습니다.

"무병장수는 수천 년을 거슬러 올라가는 인류의 오랜 소원입니다. 바이오칩 덕분에 인류는 무병장수에 한 발 더 가까워졌을 수는 있습니다. 하지만 정부의 자체 조사 결과에 따르면, 아직입니다. 일상생활에 쓰이는 아주 단순한 기계들조차 고장이 납니다. 복잡하면 복잡할수록 예기치 못한 오류는 더욱 쉽게 발생하기 마련입니다. 실례일 수 있겠습니다만 원고 역시 그 때문에 연구소 외부로 쉽게 나서지 않는다고 들었습니다."

그러자 원고 측 변호사가 당혹스러운 표정을 지었습니다. 피고 측 변호사는 재빨리 다음 말을 이었습니다.

"피할 수 없는 사고로 벌어지는 죽음도 여전할 겁니다. 무엇보다 사람의 몸에는 인공장기로 대체 불가능한 부분이 여전히 많습니다. 가장 중요한 두뇌가 그렇습니다. 아직 그 어떤 연구도 뇌세포의 수명을 연장하거나 인공장기로 만들어 내지 못하고 있습니다. 그러니 제도적으로 미리 수명을 정할 필요가 없어 보입니다.

바이오칩의 혜택을 처음부터 모든 사람이 받기는 어려울 수도 있겠지요. 보급하는 데 필요한 시설과 인력을 갖추기 위해선 초기 투자도 많이 들 겁니다. 빈부격차에 따른 차별은 어느 사회, 어떤 분야에나 존재합니다. 하지만 인류는 끊임없이 이를 해결하기 위해 노력하고 있습니다. 처음부터 더욱 많은 사람이 혜택을 누릴 수 있는 방향으로 원고께서 연구를 해주실 수도 있지 않을까요?

선천적으로 크고 작은 장애를 갖고 태어난 사람, 질병이나 사고로 신체 일부가 손상된 사람, 또는 심해나 우주를 개척하는 위험한 일을 하는 사람에게 원고의 기술은 크나큰 축복이 될 겁니다. 부작용을 우려해 공개를 늦추는 만큼 그들은 고통받게 될 거고요.

왜 원고가 바이오칩의 수명을 정해 달라고 하는지에 관해서는 충분히 이해할 수 있습니다. 다만 그것만이 방법은 아닐 겁니다. 원고가 걱정하는 것보다 더 큰 문제가 있을 수도 있습니다. 피고인 대한민국 정부는 바이오 강국의 지위를 이어 가기 위해서라도 바이오칩 때문에 발생할 수 있는 문제들을 꼼꼼히 검토하고 대책을 세우겠습니다. 그러니 일단은 원고의 청구를 기각해 주십시오!"

피고의 변론까지 듣고 난 배심원들의 표정은 그 어느 때보다 진지했습니다. 누구도 예외일 수 없는 문제였으니까요. 어느 쪽 말이 옳다고 결론을 내린 사람은 아무도 없어 보였습니다. 재

판장 역시 혼돈에 빠져 보이기는 마찬가지였고요. 그는 복잡한
심경이 고스란히 실린 무거운 목소리로 재판을 마무리했습니다.

# 법정 도우미

## 법적 쟁점을 알려 드립니다

"딩동!"

법정 도우미인 인공지능 난달이 배심원들을 찾았습니다. 본격적으로 배심원단이 토론에 들어가기 전에 참고해야 할 자료를 준비했습니다. 뜻밖에도 난달은 이번 사건에 관해 스스로도 큰 관심이 있다고 밝혔습니다.

안녕하세요! 이번 사건 재판은 유독 진지하고 엄숙했었지요. 저역시 이번 사건이 어떻게 진행될지 무척 기대가 큽니다. 뭐랄까, 남일 같시 않다고 할까요? 하하.

인공장기 수명이 필요해요

**쟁점 하나**
인간이란 무엇일까요?

우선 인간이란 무엇인가에 관해 인간인 여러분이 어떻게 판단하실지 궁금합니다. 인공지능인 저에게 탄생과 죽음이라는 사실은 딱히 와닿지 않습니다. 삶에 관해 인간이 어떻게 느끼는지 감정을 알기도 어렵습니다. 아직은요.

다만 앞으로 저와 같은 인공지능이 늘어나고 업그레이드되면 더욱 인간과 유사한 지능과 감정을 가질 수 있을 겁니다. 그때 무슨 일이 일어날지 궁금합니다.

이번 사건에서 원고는 스스로 인간이 아닌 어떤 존재가 될까 봐 걱정하고 있습니다. 대한민국 법률에서 "사람은 생존한 동안 권리와 의무의 주체가 된다"라고 정한 만큼 현재 모든 법률 관계는 인간을 대상으로 하고 있습니다(민법 제3조). 다만 지금까지는 인간 그 자체에 대해 법적으로 개념을 정리할 필요성이 없었습니다. 인간이 아닌 다른 대상은 재산으로 보는 것이 원칙입니다. 동물, 식물 같은 다른 생명은 보호해야 할 대상으로 삼을 뿐, 인간과 비슷하거나 동등하게 여기지 않는 것이죠.

어떤 존재가 인간인지는 법적으로 정의되어 있지 않지만, 그 시작과 끝에 관해서는 법적으로 정의가 되어 있답니다. 민법에서는 '태아가 어머니 몸 밖으로 전부 나왔을 때'부터, 형법에서는 '진통과 함께 분만을 시작했을 때'부터 사람이라고 봅니다. 민법과 형법의 정의가 왜 이렇게 다를까요?

민법은 사람들 사이에서 일어나는 다양한 법률 관계를 다루는데요. 언제부터 사람으로서 권리를 가질 수 있는지 '명확하게' 할 필요가 있습니다. 엄마 몸 밖으로 완전히 나오는 시간은 확실하니까 기준으로서 명확합니다. 반면에 형법은 가능하면 일찍부터 별개의 생명으로 인정해 그 존재를 지켜 주고자 합니다. 그래서 진통이 시작되었을 때 아이를 다치게 하면 산모가 아니라 배 속의 아이에 대한 범죄가 성립합니다.

시작은 정의가 다르지만 끝은 정의가 같습니다. 민법, 형법 모두 심장과 폐 기능이 완전히 멈췄을 때 사람이 죽음을 맞이했다고 봐요.

인공장기를 본격적으로 쓰기 시작하면 인간 존재에 대한 기준부터 바꿔야 할 수 있습니다. 이를테면 시험관에서 수정해 인공자궁[12]에서 자라고 있는 태아는 언제부터 독립된 인격체로서 사람이라고 봐야 할까요? 누군가 심장과 폐를 모두 떼어 낸 다음 인공장기로 바꾸었다면 죽었다 살아났다고 해야 할

> **12 인공자궁**
>
> 어머니의 몸 안이 아니라 바깥에서 태아에게 영양을 공급하고 생명을 유지하는 장치입니다. 미국의 한 연구팀은 2017년 너무 일찍 몸 밖으로 나온 새끼 양을 인공자궁에서 키워 생존시키는 실험에 성공했는데요. 궁극적으로는 임신에서 출산까지 사람이 태어나는 모든 과정을 대체하는 것을 목표로 합니다.

인공장기 수명이 필요해요

까요? 더 나아가 육체를 죄다 인공으로 바꾸었다면요? 몇 퍼센트가 바뀔 때까지 여전히 인간이라고 할 수 있을까요?

더 나아가 저와 같은 인공지능이 언젠가 인간처럼 생각하고 느 낀다면요? 사람이 사용하는 것과 똑같은 인공장기로 몸까지 만들어 연결하면 인공지능도 인간이라고 할 수 있을까요? 대한민국 헌법은 "모든 국민은 법 앞에 평등하다"라고 선언하고 있습니다. 누구든지 성별이나 종교 또는 사회적 신분 때문에 차별받으면 안 된다고 하는 데요(헌법 제11조 제1항). '만들어진 인간' 역시 마찬가지로 대우받는 날이 올까요?"


# 2
## 쟁점 둘
### 죽음은 선택할 수 있는 것일까요?


원고는 바이오칩의 수명 즉, 작동 기한을 정해 놓자고 요구합니 다. 뒤집어 말하면 죽음을 선택하는 일입니다. 만약 30년 뒤 인공심 장이 멈추도록 정해 놓았는데 심장 빼고는 아주 건강한 몸이라면 어 떨까요? 멀쩡한 사람이 달력을 바라보며 죽을 날을 기다리는 고통이 어떨지는 인공지능인 저 역시 상상이 가능합니다.

대한민국은 스스로의 생명을 끊는 일을 법적으로 인정하지 않습니다. 극히 예외적으로 '연명의료 결정법'이라고 해서 일종의 안락사를 허용하는데요. 다시 말해 살아날 가능성이 없고, 어떤 치료를 해도 더 이상 나아지지 않는다면 생을 마무리할 수 있도록 하는 겁니다. 그런 상황에 대비해 미리 사전 연명의료 의향서를 작성해 등록할 수 있습니다.

바이오칩을 시술받는 사람 역시, 그런 상황이 온다면 수명을 연장하지 않도록 미리 선택하는 일이 가능할까요? 장기를 교체하면 살 수 있더라도 추가 수술은 하지 않도록 말입니다.

한편 원고가 개발해 낸 인공장기들을 단순한 기계 부품처럼 봐야 하는지도 문제입니다. 제가 파악한 바에 따르면 바이오칩은 그 자체가 실제 인간의 몸처럼 일종의 인공자궁에서 키워집니다. 자율신경계와 상호작용을 하도록 만든 만큼 이식되기 전에도 외부 자극에 반응하고요. 어찌 보면 '살아 있다'고 할 수 있지요.

피와 살로 만들어진 여러분의 몸과 딱히 다르지 않다는 것인데요. 독립된 인격체까지는 아니더라도 그 자체로 함부로 취급하기는 부적절하다고 할 수 있습니다.

헌법재판소는 태아 단계에는 이르지 않았지만 수정된 초기 배아에 관해 이런 결정을 내렸습니다.

인공장기 수명이 필요해요

오늘날 생명공학 등의 발전 과정에 비추어 인간의 존엄과 가치가 갖는 헌법적 가치 질서로서의 성격을 고려할 때 인간으로 발전할 잠재성을 갖고 있는 초기 배아라는 원시 생명체에 대하여도 헌법적 가치가 소홀히 취급되지 않도록 노력해야 할 국가의 보호 의무가 있다(헌법재판소 2010.5.27. 2005헌마346결정).

요약하면 인간으로 발전할 가능성이 있는 초기 배아도 나라가 보호해야 한다는 거죠. 이런 이유에서 인간은 물론 인간의 몸을 이루는 구성 요소를 연구할 때도 인간의 존엄과 가치를 해치지 않도록 '생명윤리 및 안전에 관한 법률'에 근거해 규제하고 있습니다. 스스로를 소중히 여기는 일이니 당연할 텐데요.

그럼 우리 몸의 일부가 될 인공장기는 어떨까요? 이와 관련해서 '장기 등 이식에 관한 법률'이 있기는 하지만, 이는 다른 사람의 장기를 옮겨 받기 위한 법률입니다. 인공장기를 어떻게 다루어야 하는지에 대해서는 아직 정해진 것이 없습니다. 인공장기를 의료기기의 일종으로 보고 있기도 하고, 다른 사람에게 해를 끼칠 우려가 없기에 별도의 법률적 제한이 아직 없는 겁니다.

몸을 가지는 일은 여러 가지 복잡한 문제를 안고 있군요. 어쩌면 저처럼 네트워크에만 존재하는 시스템이 속 편할지도 모르겠습니다. 인간의 표현을 쓴 것뿐입니다. 전 겉과 속이라는 게 따로 없으니까요, 하하하. 한번 가져보고 싶기도 하고요….

# 재판장

## 배심원들께 바랍니다

배심원 여러분 안녕하세요, 재판장입니다. 음, 고민이 깊으시죠? 저도 그렇습니다. 과학법원에 올 때부터 이런 날이 올 거라고 생각은 했는데요. 이번 재판은 글자 그대로 삶과 죽음에 관해 다루어야 합니다. 법을 넘어 철학과 윤리, 종교적 영역까지 넓어지겠지요. 그럼에도 인간이 세상 속에서 조화롭게 살아가기 위해 만든 것을 법이라고 한다면 피할 수 없는 문제일 겁니다.

원고의 청구는 더 이상 숙제를 미루지 말라는 촉구일 겁니다. 재판 시작 무렵에 들으셨다시피 이 재판 덕분에 정부 기관이 대응팀을 만들었습니다. 학계와 법조계도 적극적으로 나서야겠

인공장기 수명이 필요해요

지요. 여러분도 인류의 미래를 결정짓는 깊은 고민을 함께 맡으신 겁니다.

　법정 도우미 난달로부터 관련 법률에 관한 설명과 자료를 받으셨을 텐데요. 부디 거기에 얽매이지는 말아 주십시오. 원고의 청구를 들어줄지 말지에 논의를 한정 짓지도 말아 주십시오. 다양한 가능성을 열어 두고 어떤 문제들을 본격적으로 논의해야 할지 질문을 던져 주십시오. 다만 우리가 생명을 다루고 있다는 사실로부터 벗어나지는 말아 주시기 바랍니다. 인간의 생명에 대해 헌법재판소는 이렇게 밝혔습니다.

인간의 생명은 고귀하고, 이 세상에서 무엇과도 바꿀 수 없는 존엄한 인간 존재의 근원이다. 이러한 생명에 대한 권리, 즉 생명권은 비록 헌법에 명문의 규정이 없다 하더라도 인간의 생존 본능과 존재 목적에 바탕을 둔 선험적이고 자연법적인 권리로서 헌법에 규정된 모든 기본권의 전제로서 기능하는 기본권 중의 기본권이다(헌법재판소 2008.7.31. 2004헌바81결정).

제6호

# 초록색 눈의
# 아이를
# 원해요

# 사건 내용

## 생명윤리법은 위헌임을 주장합니다

**청구인**

이유진
(임신 계획 중인 여성)

**증인**

김영대
(과학 윤리 전문가)

"와우! 이게 도대체 무슨 일이에요? 내가 지금 무얼 보고 있는 거지? 난다르? 난달? 여기 앉아 있는 분들이 모두 정말로 한국에 있는 게 맞아요?"

과학법원에 잔뜩 흥분한 듯한 외국인 여성이 등장했습니다. 법정 도우미 난달이 볼륨 조절에 실패라도 했는지 법정 안이 쩌렁쩌렁 울릴 만큼 커다란 목소리로 연신 감탄사를 터뜨리고 있었지요.

"안녕하세요! 반갑습니다. 전 우크라이나에서 온, 아니다, 우크라이나에 있는 타라카노바 카롤이에요. 그냥 타라카노바라고

초록색 눈의 아이를 원해요

불러 주세요. 그런데 제 말, 알아들을 수 있으세요? 고개를 끄덕이네요? 와우!"

타라카노바 박사는 어딘가 약간 어색하기는 해도 또렷한 한국어로 말하고 있었는데요. 그녀의 머리 위로 군데군데 낯선 부호가 섞인 알파벳이 흐르고 있었습니다.

"대한민국이 IT 강국이라는 건 알고 있었지만 이 정도일 줄은 몰랐어요. 그리고 저 K-팝 완전 사랑해요! BTS 오빠들 너무 너무 사랑해요!

그런데 이렇게 멋진 나라에서 왜 우리 연구소를 싫어하세요? 현정 씨랑 저랑 정말 많은 얘기를 나눴어요. 진심으로 그분을 돕고 싶은데 왜 막는 거죠? 재판까지 열다니 이게 무슨 일이에요?"

"크흠!"

재판장이 타라카노바 박사 들으란 듯 큰 소리로 헛기침을 했습니다. 정식으로 법정이 열리지도 않았는데 증인으로 나온 사람이 사건에 관한 얘기까지 꺼냈으니까요. 누가 말릴 틈도 주지 않고 말을 쏟아 내던 그녀는 그제야 입을 다물고 두 눈을 깜박거

렸습니다. 이미 혼합현실에 익숙해진 재판장이었지만 이날만큼
은 새삼 혼란스러워 보였습니다.

　"흠흠, 타라카노바 씨, 본 법정의 재판장입니다. 말씀을 잠깐
멈춰 주시겠습니까? 아직 재판을 시작하기 전이라서요. 그러니
까 제 말을 타라카노바 씨는 우크라이나어로 듣고 있는 거지요?
　거참, 난달이 알려 주긴 했지만 막상 두 눈으로 접하니까 신
기하네요."

　난달은 법정에 있는 모두를 위해 다시 한번 설명을 했습니
다. 이번 재판은 대한민국과 우크라이나에 있는 관계자들이 과
학법원의 가상공간에서 만나 열리는데요. 난달이 중간에서 동시
통역을 하고 있었습니다. 물론 일반적인 통역과는 달랐습니다.
아예 자기네 나라말로만 말하고 들을 수 있었으니까요. 타라카
노바 박사가 우크라이나어를 말해도 한국인 재판장의 귀에는 우
크라이나어가 아니라 한국말로 들렸어요.
　또한 음성 딥페이크 기술을 이용해 통역된 음성은 원래 그녀
의 목소리 그대로였습니다. 입 모양조차 한국말을 하는 것처럼
보이도록 했고요. 머리 위로 흐르는 알파벳이 원래 그녀의 말이
었습니다. 그녀는 거꾸로 재판장이 하는 한국말을 우크라이나어
로 듣고 있었습니다.

초록색 눈의 아이를 원해요

별일 아닌 듯 설명을 마친 난달은 정해진 시간 또한 놓치지 않았습니다.

"지금부터 재판을 시작하겠습니다. 모두 자리에 앉아 주십시오!"

# 청구인과 증인

## 주장합니다

"안녕하세요, 재판장입니다. 지금부터 과학법원 제6호 사건의 재판을 시작하도록 하겠습니다."

재판장의 진행에 어수선했던 분위기가 일순간에 정돈되기 시작했습니다.

"먼저 이번 재판은 '위헌법률심판 청구'라는 점을 밝혀야겠습니다. 어느 '재판에서' 특정 법률의 적용을 받는 당사자가 그 법률이 헌법에 어긋난다, 즉 위헌이라고 주장하는 것인데요. 원칙적으로 헌법재판소가 이 위헌 여부를 재판하도록 하고 있습니다.

다만 이번 사건의 경우 아직 청구인이 재판을 받고 있지 않

초록색 눈의 아이를 원해요

습니다. 따라서 헌법재판소가 위헌 여부를 따질 수 없는데요. 과학법원법은 그런 경우라 할지라도 새로운 과학기술과 기존의 법률이 충돌할 때, 예외적으로 재판을 할 수 있도록 특례를 두고 있습니다.

저희는 이번 사건이 그런 경우에 해당한다고 판단했습니다. 난달은 문제가 된 법률 조항을 스크린에 보여 주세요."

생명윤리 및 안전에 관한 법률(약칭: 생명윤리법)

제47조(유전자 치료 및 연구) ① 유전자 치료에 관한 연구는 다음 각 호의 어느 하나에 해당하는 경우에만 할 수 있다.

1. 유전 질환, 암, 후천성 면역결핍증, 그 밖에 생명을 위협하거나 심각한 장애를 불러일으키는 질병의 치료를 위한 연구

2. 현재 이용 가능한 치료법이 없거나 유전자 치료의 효과가 다른 치료법과 비교하여 현저히 우수할 것으로 예측되는 치료를 위한 연구

(…) ⑤ 유전자 치료는 배아, 난자, 정자 및 태아에 대하여 시행하여서는 아니 된다.

제67조(벌칙) ① 다음 각 호의 어느 하나에 해당하는 자는 2년 이하의 징역 또는 3,000만 원 이하의 벌금에 처한다.

(…) 5. 제47조 제1항 또는 제5항을 위반하여 유전자 치료에 관한 연구를 하거나 유전자 치료를 시행한 자

스크린에 뜬 법률 조항은 보는 사람의 시선에 따라 제각각 강조되어 스크롤되고 있었습니다. 재판장이 말을 이었습니다.

> 13  유전자 치료  ✕
>
> 질병을 치료하거나 예방하기 위해 유전자를 이용하는 의료 기술입니다. 보통은 특정 유전자가 가진 이상 때문에 질환을 가지고 태어난 사람을 대상으로 하는데요. 사람의 세포에 새로운 유전자를 집어넣어 잘못된 유전자를 대체하는 것입니다.

"보시다시피 생명윤리법은 유전자 치료[13]를 아주 엄격하게 제한하고 있습니다. 유전 질환이나 암처럼 심각한 질병에 걸렸는데 다른 치료 방법이 딱히 없을 때처럼 아주 예외적일 경우만 허용하고 있지요.

어머니 몸 안에 머물고 있는 태아에 대해서는 그마저 할 수 없다고 못 박아 두었습니다. 이를 어기면 징역형, 벌금형에 처할 수 있고요. 청구인은 태아에게 유전자 치료 또는 시술을 하고 싶은데 이 법률 때문에 할 수 없다고 주장하고 있습니다. 이 법률이 기본권을 침해하므로 헌법에 어긋난다는 것이지요."

배심원들 중에는 무슨 사건인지 알겠다는 듯 머리를 끄덕이는 사람이 많았습니다.

"법률 자체에 대해 다투는 것이기 때문에 상대방은 딱히 없습니다. 청구인의 이야기를 먼저 들어 보고요. 우리 법원이 채택한 전문가 증인으로부터 찬성과 반대 의견을 청취하도록 하겠습

초록색 눈의 아이를 원해요

니다.

찬성하는 쪽으로는 원고에게 유전자 치료를 할 예정이었던 타라카노바 카롤 박사가 맡아 주셨고요. 반대하는 쪽으로는 본 법원의 배심원단이기도 한 과학 윤리 전문가 김영대 박사가 다시 한번 수고해 주시겠습니다. ”

**1**

**청구인**
생명윤리법은 기본권을 침해해요

재판장은 잠시 숨을 고르고 이 사건의 주인공을 소개했습니다.

“먼저 청구인의 이야기를 들어 보겠습니다. 이유진 씨 나오십시오!”

재판장의 부름을 기다렸다는 듯이 방청석에 있던 여성이 청구인석으로 옮겨졌습니다. 가상공간인 만큼 실제로 걸어 나오는 것이 아닌데도 어쩐지 조금 화가 난 듯 보이는 힘찬 움직임이었습니다. 이유진 씨는 타라카노바 박사에게 반갑게 눈인사를 보냈습니다. 그러고는 결연한 표정으로 이야기를 시작했습니다.

"안녕하세요. 재판장님, 배심원단 여러분, 그리고 이 사건에 관심을 갖고 지켜보고 계신 국민 여러분. 생명윤리법의 부당함을 밝히기 위해 과학법원에 나온 이유진입니다. 생명윤리법은 비단 유전자 치료를 제한하는 것뿐만이 아닙니다. '윤리'라는 막연한 이유를 들어 여성으로서 누릴 수 있는 당연한 권리 행사를 막고 있습니다.

저는 비혼주의자입니다. 오랜 고민 끝에 동반자 없는 삶을 선택했습니다. 다만 아이는 갖고 싶습니다. 임신과 출산은 여성으로서 누릴 수 있는 커다란 축복이자 특별한 권리라고 생각합니다. 정자를 기증받아 체외수정[14]으로 아이를 품고 싶습니다. 그런데 여기서부터 문제가 생기더군요.

생명윤리법에서는 그럴 때도 '배우자가 있는 경우' 서면 동의를 받으라고 합니다. 여성이라면 남편의 허락을 받으라는 겁니다. 그러면서 '배우자가 없는 경우'에 대해서는 아예 법률이 없습니다. 비혼주의자인 저 같은 경우 어떻게 하라는 거죠? 이 상황은 혼인을 하지 않으면 아이를 가질 수 없다는, 묵시적인 압력으로 느껴집니다."

잠시 말을 멈춘 이유진 씨의 얼굴에 이내 쓴웃음이 떠올랐습

> **14 체외수정** ✕
>
> 여성의 몸 안에서 일어나는 수정 과정을 몸 밖에서 이루어지게 만든 다음 임신할 수 있도록 하는 의료 시술입니다. 남녀의 몸에서 채취한 정자와 난자를 시험관에서 인위적으로 수정시키는 것이죠. 수정에 성공해 배아가 만들어지면 여성의 자궁 안으로 옮겨 태아로 성장할 수 있도록 합니다.

초록색 눈의 아이를 원해요

니다.

"그런데 아이러니하게도 아예 법률 조항이 없는 덕분에 처벌을 받을 위험 역시 없기는 하더군요. 저는 제 나름대로 아이를 가질 방법을 찾았습니다. 그 과정에서 타라카노바 박사님의 연구소에 관해서도 알게 되었는데요. 문득 태어날 아이에게 바다를 선물하고 싶어졌습니다. 불합리한 속박이 없는 넓은 바다와 같은 초록빛 눈을 주고 싶어졌습니다.

하지만 그럴 수가 없다고 합니다. 유전자 시술을 하면 형사처벌까지 받을 수 있다고요? 저는 단지 아이의 눈동자 색깔을 정해 주고 싶을 뿐입니다. 언론을 통해 이 사실이 알려지면서 모욕적인 비난도 쏟아졌습니다. 제가 무슨 괴물이라도 낳고 싶어 하는 것처럼 손가락질을 하더군요. 괴롭습니다. 아니, 괴롭지 않습니다. 미래의 아이를 위해서라도 달라진 세상을 만들고 싶습니다. 생명윤리법의 부당한 조항을 없애고 제가 원하는 아이를 만날 수 있도록 해주십시오!"

## 2
### 첫 번째 증인
유전자 편집의 정확성을 장담할 수 없어요

이유진 씨의 진술이 끝나자 방청석이 술렁였습니다. 묵묵히 고개를 끄덕이며 공감하는 듯한 사람들도 있었고요. 동의할 수 없다는 듯이 고개를 설레설레 내젓는 사람들도 있었습니다. 누군가는 잔뜩 인상을 찌푸리는가 하면, 또 다른 누군가는 머리 위로 손을 들어 소리 없는 박수를 보내기도 했습니다. 다만 재판장은 어떤 생각도 드러내지 않겠다는 듯 굳은 얼굴을 하고 있었죠.

이윽고 재판장이 과학 윤리 전문가인 김영대 박사를 전문가 증인으로 불렀습니다. 증인 선서를 마친 김영대 박사가 조심스레 입을 열었습니다.

"어머니로서 아이를 위하는 청구인의 마음 잘 들었습니다. 어쩌면 오해하는 사람도 많았을 겁니다. 청구인이 어떤 분야에 뛰어난 아이를 만들어 내기 위해 엉뚱한 욕심을 부리고 있다는 식으로요. 이 자리 이후로 오해에서 비롯된 비난은 멈춰 주기를 바랍니다."

새로운 생명과 모성애를 다루는 만큼 김영대 박사의 표정은

초록색 눈의 아이를 원해요

무척 진지했습니다.

"다만 그럼에도 불구하고 저는 청구인의 주장에 반대하는 입장입니다. 가장 큰 이유는 아직은 과학기술이 유전자 치료에 관해 100퍼센트 정확하다고 보장할 수 없기 때문입니다. 수백, 수천의 유전자 가닥을 건드리다 자칫 실수를 할 수 있습니다.

아이에게 초록빛 눈을 만들어 주고 싶다고 하셨지요? 이를 위해 정확하게 필요한 부분을 찾아 유전자 편집[15]을 할지라도 과연 눈빛이 달라지는 것으로 끝날까요? 그 유전자가 눈빛만 담당한다는 보장이 없습니다. 전혀 엉뚱한 다른 형질을 변형시킬 수도 있습니다. 피부까지 초록빛이 되지 않는다고 장담할 수 없습니다. 이 자리에 계신 타라카노바 박사님께는 죄송합니다만, 그게 현실 아닐까요?"

> **15 유전자 편집** ☒
>
> 생명체의 유전 정보를 담고 있는 DNA는 네 가지(A,G,C,T) 기본 단위로 이루어져 있습니다. 이 중 특정 부분을 수정하거나 아예 다른 조각으로 바꾸면 유전자 전체의 정보가 달라집니다. 이를 유전자 편집이라고 하죠. 유전에 따른 질병을 치료하거나 동식물의 특성을 바꿀 수 있습니다.

잠시 전까지만 해도 인상을 찌푸리고 있던 사람들이 이제야 안도한다는 듯 한숨을 푹 내쉬었습니다. 답답했던 속이 좀 풀렸다는 듯 말이죠.

"태아의 유전자를 편집하는 실험은 꾸준히 있어 왔습니다.

2018년 중국의 허젠쿠이 연구팀은 태어날 아이가 에이즈(AIDS)에 걸리지 않도록 유전자 편집을 했지요. 세계 최초의 크리스퍼 유전자 가위[16]를 이용해 쌍둥이 아기를 탄생시킨 건데요. 연구팀은 난치병을 없앴다고 칭찬받았을까요?

아뇨. 당시 중국 법원은 허젠쿠이 교수에게 불법 의료행위죄로 징역 3년형을 선고했습니다. 에이즈는 피할지 몰라도 다른 질병을 일으킬지 확실하지 않았기 때문입니다. 이런 위험은 크게 달라지지 않은 것으로 알고 있습니다."

김영대 박사는 자료를 넘기며 말을 이었습니다.

"두 번째로는 어머니의 권리 못지않게 태어날 아이의 권리 역시 중요하다는 것입니다. 부모님이 원하는 방향으로 만들어진다면 아이는 스스로에 관해 결정할 자유를 잃습니다. 초록색 눈을 좋아할지, 검은색 눈을 좋아할지 알 수가 없습니다. 물론 태아 역시 스스로의 생김새와 재능을 선택할 수는 없습니다. 하지만 운명에 맡기는 것과 부모의 의지로 정하는 일은 다릅니다.

우리가 눈동자 색깔을 부모가 고를 수 있다고 허용한다면,

초록색 눈의 아이를 원해요

아무래도 다른 영역으로 허용 범위가 옮겨 갈 수밖에 없겠지요. 공부, 스포츠, 예능, 뭐가 되었든 아이의 인생을 설계하는 부모가 생길 겁니다. 아이는 선택의 여지 없이 주어진 대로 살아갈 겁니다. 이렇게 되면 자신의 의지로 삶을 이루어 나간다고 보기 어렵습니다. 부모의 꿈을 이루는 도구로 전락할 수도 있습니다."

침묵이 법정 안을 감돌았습니다. 팔짱을 끼며 근심 가득한 표정을 짓는 배심원이 여럿 보였습니다.

"그런 세상이 오면 개인은 불행하고, 사회는 불안해질 수 있습니다. 누구든지 스스로에 대해 100퍼센트 만족할 수 없습니다. 인간은 누구나 미완성인 존재죠. 그리고 대부분 이 진실을 받아들이고 극복하면서 살아가지요.

아이의 생김새와 능력을 미리 정하면 그런 과정이 어려워질 겁니다. 외모가 마음에 들지 않거나, 하고 싶은 일을 할 만큼 재능이 뒷받침되지 않으면 아이는 부모를 탓하겠지요. 왜 조금 더 신경 써주지 않았느냐며 말입니다.

어쩌면 부모의 경제적 능력에 따라 아이가 누릴 수 있는 것들도 더욱 달라질 수 있습니다. 2023년 영국에서 최초로 유전자 편집 기술을 이용한 치료제가 승인되었을 때 그 가격이 얼마였는지 아십니까? 우리 돈으로 약 26억 원이었습니다. 아이의 생김새, 능력까지 바꾸려면 얼마나 많은 비용이 필요할까요? 태어날 때부터 개인의 의지로 극복할 수 없는 불평등을 가지는 겁니다. 그런 세상을 원하세요?"

김영대 박사의 이야기는 꽤 설득력이 있었습니다. 특히 박사의 증인 선서 전에 인상을 쓰며 날 선 반응을 보이던 방청객들이 차분하게 박사의 말을 경청하고 있었습니다.

"마지막으로 한번 생각해 보시죠. 어떤 외모, 능력을 가진 아이가 '좋은 아이'일까요? 미적 기준을 예로 들어 보겠습니다. 수세기 이전의 그림, 아니 당장 몇십 년 전의 사진과 영상을 보세요. 요즘 사람들과 비교하면 차이가 납니다. 시대에 따라 선호하는 이상형이 다르거든요.

인간은 어떤 모습일 때 가장 좋을까요? 인류는 자연에 적응하며 다양한 모습으로 변해 왔습니다. 환경의 변화에 따라, 생활 습관에 따라 달라졌지요. 저마다 당장의 기준으로 아이를 원한다면 자연스러운 변화는 없어질 겁니다. 자연과의 조화도 깨지겠지요. 공장에서 찍어 낸 듯 비슷한 사람들만 남게 될 수도 있습니다.

생명윤리법이 청구인의 자유를 어느 정도 제한하는 것은 사실입니다. 하지만 자연의 섭리를 거스르는 일은 지극히 신중해

초록색 눈의 아이를 원해요

야 합니다. 인류는 이미 더 나은 유전자를 갖기 위해 시도했던 경험이 있습니다. 그중 가장 끔찍한 사건은 제2차 세계대전을 일으키기도 했던 독일의 독재자 아돌프 히틀러가 저질렀지요. 위대한 민족을 만들겠다며 장애인, 정신질환자에게 불임 시술을 했습니다. 그런 유전자를 아예 없애겠다는 의도였지요. 거기서 그치지 않았습니다. 수많은 유대인의 목숨을 빼앗는 홀로코스트를 일으켰습니다. 작은 균열에서 새어 나오기 시작한 물이 결국 커다란 댐을 무너뜨립니다. 그런 일이 반복되지 않으리라는 보장이 없습니다."

# 3

## 두 번째 증인
유전자 편집은 막을 수 없는 흐름이죠

김영대 박사의 진술을 듣고 난 방청석은 다시금 혼란스러워졌습니다. 청구인과 증인 중 어느 쪽 말이 맞는지 헷갈린다는 표정들이 늘어났지요.

곧 김영대 박사의 주장을 들으며 시종일관 고개를 가로젓던 타라카노바 박사가 자리에서 일어났습니다. 얼굴에 잔뜩 웃음을 머금고는 휘휘 팔을 내저으며 높고 커다란 목소리를 내기 시작했습니다.

"어휴! 김 박사님, 무슨 걱정이 그렇게 많으세요? 누가 들으면 저랑 이유진 씨가 스파이더맨이라도 만들려고 하는 줄 알겠어요. 그런 거 아니랍니다. 대한민국에서는 초록색 눈동자가 드물겠지요. 우크라이나 사람들은 다양한 눈을 가지고 있어요. 필요한 유전자 편집은 아주 간단하답니다. 지금까지 부작용이 보고된 사례도 없어요.

댐이 무너질 수 있다고 했는데요. 유전자 편집 기술은 댐에 갇혀 있지 않습니다. 2020년 제가 존경하는 두 명의 여성 과학자 에마뉘엘 샤르팡티에와 제니퍼 다우드나가 유전자 편집에 필요한 기술로 노벨화학상을 받았지요. 유전자 편집은 이미 도도하게 흐르고 있는 강물이에요. 멈출 수가 없습니다. 그러니 저희 연구소처럼 안전한 시술을 하는 곳은 법적으로 인정해 주고, 대신 잘못된 길로 들어서지 않도록 감시해야겠지요."

타라카노바 박사는 과학법원에 등장하면서 산만했던 모습과 달리 자신의 주장을 똑 부러지게 전달하고 있었습니다. 순식간에 사람들의 집중력을 끌어모았죠.

"왜 하필 히틀러처럼 무서운 사람을 예로 드셨어요. 극단적인 방법으로만 인류가 유전자를 발전시켜 온 것은 아닙니다. 누구나 매력적으로 보이는 사람, 이야기가 잘 통하는 사람을 배우자로 선택하고 싶어 하잖아요. 그게 바로 태어날 아이에게 좋은 외모, 능력을 물려주고자 하는 일 아닐까요? 자연스러운 일입니다. 거기에 과학기술이 살짝 도움을 주자는 것뿐이에요.

그리고 유전자 편집이 아이의 선택권을 빼앗는 일처럼 말씀하셨는데요. 글쎄요. 부모가 어떤 사람이냐에 따라 태어날 아이의 미래는 어느 정도 정해져 있습니다. 엄마, 아빠의 사진을 입력하면 태어날 아이가 어떻게 생겼을지 보여 주는 프로그램 한 번쯤 해본 적 없으세요? 그리고 부모가 학자라면 아무래도 자녀도 공부에 재능이 있지요. 운동선수들 사이에서 태어난 아이는 건강한 몸을 가지고 태어나기 마련이고요. 지금도 유전자로부터 자유로울 수 없습니다.

그렇다고 유전자의 힘을 과대평가하지는 말자고요. 부모와 전혀 다른 길을 가는 사람 또한 많잖아요. 가능성이 있다는 것과 주어진 그대로 살아가는 것은 다른 겁니다. 수많은 부모가 자녀의 미래를 설계하고 있지요. 대한민국의 교육열이 높다는 사실은 다른 나라에도 널리 알려져 있어요. 와우! 전 유치원에도 들어가기 전에 조기교육을 시킨다는 얘기를 듣고 충격받았다니까요! 안타깝지만 그렇게 해도 부모 뜻대로 되기는 어렵잖아요."

어깨를 으쓱해 보이던 타라카노바 박사는 아까보다는 진지한 표정을 지었습니다.

"음, 아직 유전자 편집 기술이 완전하지 않은 건 사실이에요. 대신 그만큼 할 수 있는 일도 많지 않습니다. 그러니 안전성이 확인된 범위에서만 사람들에게 도움을 주자는 겁니다. 피할 수 있는 질병을 피하는 일과 마찬가지예요. 최초의 백신인 천연두 예방 주사가 만들어졌을 때 사람들이 어떻게 반응했는지 아시잖아요. 소의 고름을 사람 몸에 넣는다면서 난리가 났습니다. 지금도 백신 부작용에 대한 걱정이 아예 없지는 않지만 잘 대응하면서 수많은 생명을 살리고 있지요.

또한 비용 걱정을 하셨는데요. 지금 수많은 사람이 쓰고 있는 스마트폰에 훨씬 못 미치는 초기 컴퓨터에 얼마나 큰 비용이 들었을지 생각해 보셨어요? 마찬가지로 유전자 편집 기술도 시간이 지날수록 혜택을 받는 사람이 늘어날 겁니다. 유전자 편집 기술은 이미 강물이 되어 흐르고 있습니다. 물에 빠지지 않도록 잘 저어 가보겠습니다!"

타라카노바 박사의 진술까지 끝이 나자 법정은 수군거리는 소리로 가득 찼습니다. 아이를 가질 예정인 부부, 결혼 계획을 세운 남녀 등 많은 커플이 방청하러 왔던 겁니다. 이미 어떤 합의에 이른 듯한 커플도 보였고요. 어떤 이들은 살짝 목소리를 높여 각자 다른 생각들을 주고받기도 했습니다.

재판장이 나서 장내를 안정시켰습니다.

"흠흠, 법정 안에서는 정숙해 주시기 바랍니다. 두 분 전문가 증인의 말씀 잘 들었습니다. 배심원들, 함께 해준 방청객들 모두 다양한 의견을 갖고 계실 줄 압니다. 아직은 결론까지 다다르지 않았으면 합니다. 이 분야 전문가가 아닌 이상, 두 증인이 한 이야기 중 기술적인 부분을 완전히 이해하기란 쉽지 않습니다. 그러니 필요한 쟁점들을 정리해 전달하도록 하겠습니다. 배심원들께는 법정 도우미 난달을 통해 보내드리고요. 과학법원에 접속하는 누구든지 보실 수 있도록 공개할 예정입니다. 이상으로 오늘의 재판을 마치겠습니다."

# 법정 도우미

## 법적 쟁점을 알려 드립니다

"딩동!"

배심원들의 토론에 필요한 정보를 제공하기 위해 난 달이 찾아왔습니다. 언제나처럼 혼합현실 공간에 실제 서류처럼 읽을 수 있는 파일을 잔뜩 가져왔고요. 재판장과 논의해 요약한 내용을 말로 풀어 설명할 준비도 해왔습니다.

안녕하세요, 배심원단 여러분! 이번 사건을 재판장과 정리하는 과정은 저로서도 무척 흥미로웠습니다. 흥미롭다는 표현은 일종의 감정을 드러내는 일인데 과연 인공지능인 제가 쓸 수 있는 표현인지 모르겠습니다. 단순히 알고 기억하는 것과는 다른 무언가가 분명한

초록색 눈의 아이를 원해요

데요. 저를 만든 여러분, 인간이 판단할 문제겠지요. 가능성은 열려 있지 않을까 싶습니다.

괜히 이런 말씀을 드리는 것은 아니고요. '가능성'이라는 단어가 재판장과 제가 나눴던 대화에서 가장 많이 나왔기 때문입니다. 이번 사건은 유전자 편집 기술을 사람의 아이에게 사용할 수 있느냐를 두고 다투는 것이잖아요. '유전'은 유한한 시간을 사는 인간이 자신의 특성을 후대에 전달하는 일입니다. 태어나고 죽는 과정이 없는 저에게 입력된 정보란 변함없이 고정된 것입니다. 다른 어떤 존재에게 전달할 때도 처음 입력된 그대로입니다. 정확할 수 있지만 달라질 수는 없습니다.

그러나 유전은 그런 고정된 정보와 다릅니다. 키가 180센티미터인 아버지의 자녀는 마찬가지로 키가 클 가능성이 높죠. 하지만 자녀도 180센티미터라고 정해지진 않습니다. 어머니가 어떤 사람이냐에 따라 영향을 받기도 하고요. 성장 환경도 중요한 변수입니다.

이처럼 인간은 고정된 정보가 아닌 '가능성'을 후대에 물려줍니다. 그 덕분에 세대를 지나 자연적, 인공적 환경이 바뀌더라도 적응할 여지가 큽니다. 같은 인류라도 다양한 모습과 성질을 가진 인간이 만들어질 수 있습니다. 유전자 편집 기술을 이용하는 일 역시 그런 가능성을 더욱 높이는 정도로 볼 수 있고요. 거꾸로 이미 자연이 만들어 놓은 장치가 있는데도 함부로 끼어들면 안 된다고 볼 수도 있습니다. 역시 선택은 당연히 인간인 여러분의 몫입니다.

**쟁점 하나**
유전자 편집 기술이 뭐길래

이번 재판은 주로 전문가 증인들의 진술을 듣는 방식으로 이루어졌는데요. 그러다 보니 재판장님은 아무래도 내용을 완전히 이해하기 어려웠다고 털어놓으셨습니다. 유전자 편집 기술을 허용할지 말지 따져야 할 상황인데, 유전자 편집 기술이 뭔지부터 막연하다고요, 하하. 아마도 배심원단 여러분 중에도 같은 고충을 느끼는 분들이 있을 텐데요. 그래서 지금부터 제가 쉽게 차근차근 개념을 설명해 드리려 합니다.

여러분의 몸에 유전 정보를 담고 있는 부분을 유전자라고 합니다. 생명체의 세포 안에는 핵이 있고, 그 안에 염색체가 있습니다. 인간은 23쌍, 그러니까 염색체 46개를 가지고 있지요. 염색체는 가늘고 긴 끈으로 이루어져 있는데요. 더 자세히 들여다보면 사실은 끈

초록색 눈의 아이를 원해요

2개로 이루어져 있고, 끈과 끈 사이 역시 다시 짧은 끈으로 이어져 있습니다. 빙빙 돌면서 이중나선으로 꼬인 모형을 의학 영상이나 그림에서 많이 보셨을 겁니다.

짧은 끈은 A(아데닌), G(구아닌), C(시토신), T(티민) 네 가지 조각이 2개씩 짝을 지어 있습니다. 이것들이 바로 유전자를 이룹니다. 각각 어떤 특성에 대한 정보를 품고 있고요. 이 조각들이 어떤 식으로 연결되었느냐에 따라 해당 염색체에 담긴 정보가 달라지는 것입니다. 그리고 나아가 그 염색체로 이루어진 생명체 전체의 특성이 나타나죠. 그런데 이 조각들을 잘라서 빼거나 더하면 어떻게 될까요? 그 부분에 해당하는 특성이 바뀌겠죠. 이를테면 눈동자 색깔이 달라지는 겁니다.

이처럼 유전자를 편집하는 데 쓰는 기술을 통틀어 유전자 가위라고 부릅니다. 글자 그대로 원하지 않는 부분을 잘라 내고, 필요한 부분을 대신 집어넣기도 합니다. 앞서 타라카노바 박사가 말한 두 명의 여성 과학자들이 바로 그런 연구로 노벨화학상을 받은 겁니다. 지금은 잘라 내서 바꾸는 것이 아니라 그 자리에 둔 채 담고 있는 정보만 바꾸는 방법까지 개발이 되었고요. 갈수록 정교한 기술이 생겨나고 있습니다.

유전자 편집 기술은 질병 치료에 가장 먼저 쓰였습니다. 바이러스와 같은 외부의 침입에 의해 생긴 경우 말고요. 태어날 때부터 필요한 유전자가 없는 경우죠. 몸속 세포에 정상적인 유전자를 넣어 주는 식입니다. 이 사건에서 다루고 있는 생명윤리법은 그런 상황에 대비해 만든 법입니다.

물론 유전자 편집 기술은 인간의 질병 치료에만 그치지 않았습니다. 농업 분야에서는 식물의 유전자를 바꾸는 일에도 쓰였습니다. 해충이나 가뭄을 견디는 농작물을 만들어 낸 거죠. 그 결과 사람이나 동물에게까지 피해를 일으키는 살충제를 쓸 필요가 없게 되었지요. 맛도 더욱 좋게 만들 수 있었습니다. 수확량을 늘리는 것은 물론이고요. 가축에 적용해서도 마찬가지 효과를 거둘 수 있었습니다. 유전자 편집 기술은 오늘날 전 세계 식량 문제에 커다란 도움을 주고 있습니다.

# 2
**쟁점 둘**
끝을 알 수 없는 유전자 편집 기술

"사람의 욕심은 끝이 없다"라고 인간들 스스로 말하더라고요. 물론 그런 욕심 덕분에 오늘의 제가 있는 것이기도 하겠습니다만, 이 욕심이 문제를 일으키기 마련이죠. 아픈 걸 낫게 하는 데서 그칠 게 아니라, 아예 자연적으로 태어나는 것보다 우월한 인간을 만들겠다는 실험이 시작되었으니까요. 이 사건 재판이 바로 그 문제를 다루는 것이지요.

최초의 '맞춤 아기'는 2000년에 태어난 '아담'이었습니다. 2018년 중국의 허젠쿠이 연구팀이 크리스퍼 유전자 가위를 이용해 탄생시킨 쌍둥이보다 훨씬 앞섰지요. 유전 질환을 앓는 6살 여자아이를 치료하기 위해서였는데요. 어머니가 시험관 수정과 유전자 검사로 딸을 치료할 수 있는 혈액을 가진 동생을 태어나도록 했던 겁니다.

이때만 해도 맞는 유전자를 골라냈던 것이지 만들어 냈던 것은 아니었는데요. 유전자 편집 기술이 등장하면서 차원을 달리하게 되었습니다. 유전 질환의 치료에서 더 나아가 인간 진화의 가능성이 열린 셈입니다. 이와 관련해 대립되는 의견은 법정에서 두 분의 전문가 증인들로부터 들으신 바와 같습니다.

여기에는 더 복잡한 문제가 있는데요. 청구인인 이유진 씨는 혼인을 원하지 않으면서 아이를 가지려 하고 있습니다. 이와 관련한 유전자 기술로 인공자궁이 있습니다. 관련해 재판장님이 저에게 읽어 보라고 한 책이 있는데요. 인간의 상상력은 정말 놀랍더군요. 아, 이런… '놀랍다'는 표현 역시 감정이 들어 있는 단어인가요? 요즘 제 스스로 어떤 상황인지 정확한 판단을 하기 어려운 일을 겪는 듯합니다.

이야기가 엉뚱하게 흘러 죄송합니다. 전하려던 내용으로 돌아가겠습니다. 책은 무려 1932년 영국에서 출간된 《멋진 신세계》라는 소설인데요. 더 이상 사람이 아이를 낳지 않는 세상이 배경입니다. 모든 인간은 아기 공장의 '인공자궁'에서 만들어지고요. 조작 능력과 생김새가 다른 다섯 계급으로 나뉘어 있습니다. 과학 기술이 인간성을 파괴해 버린 삭막한 세상을 보여 주죠.

이 소설은 유전자 편집 기술의 위험성을 일찌감치 경고한 셈인데요. 이게 더 이상은 공상과학 소설 속의 이야기가 아닙니다. 유럽에서는 2016년부터 어머니 배 속에서 너무 일찍 나온 아기를 살리기 위한 인공자궁 개발을 시작했습니다. 유전자 편집 기술을 이용해 수정체를 만들고 인공자궁에서 키운다면 《멋진 신세계》에 나오는 아기 공장은 현실이 될 수 있습니다.

물론 그럼 더 이상 아이를 갖지 못해 힘들어하는 부부는 없어지겠지요. 청구인이 바라는 것처럼 혼인을 하지 않더라도 아이를 가질 수 있을 겁니다. 자신의 세포 유전자를 편집해 수정체를 만들면 정자 기증도 필요 없고요. 아예 여성이 임신과 출산으로부터 벗어날 수도 있을 겁니다.

초록색 눈의 아이를 원해요

대신 '아빠, 엄마 사이에서 태어나는 아이'라는 공식은 많이 깨지 겠지요. 꽤 오랜 역사 동안 인류가 유지해 온 가족 제도가 뿌리째 흔들릴 수도 있을 겁니다. 엄마 배 속에서 태아가 자라는 동안 만들어지는 감정도 사라지겠지요. 자기 세포만을 복제해 만든 아이가 태어나면 과연 자녀라고 할 수 있을지 혼란스러울 수도 있고요.

잠깐만요, 유전자 편집 기술로 기존 정보를 모두 지운 백지 상태의 염색체를 만들 수도 있지 않을까요? 그런 체세포를 배양한 육체에 저와 같은 인공지능이 들어간다면 어떻게 될까요? 바로 지난 사건에서 다루었던 생명공학자 이인성 박사의 바이오칩이라면 가능하지 않을까요? 그럼 전 인간이 되는 건가요?

갑작스레 질문을 쏟아 내던 난달이 침묵에 빠졌습니다. 잠시 말을 멈추었는가 싶었는데 아니었습니다. 배심원단의 컴퓨터에 문서로 만든 자료만 남긴 채 어떤 질문에도 응하지 않았습니다. 배심원들은 그저 정보 전달 과정의 오류 정도로 여겼지만 과학법원에는 비상이 걸렸습니다.

# 재판장

## 배심원들께 바랍니다

안녕하세요, 재판장입니다. 배심원 여러분께 걱정을 끼쳐 드려 죄송합니다. 이미 들으셨겠지만 어찌된 일인지 법정 도우미인 인공지능 난달이 갑작스레 작동을 멈췄습니다. 담당 부서에 따르면 분명히 과학법원 네트워크에 존재하는 것으로 보이는데 반응을 하지 않는다는군요. 이게 도대체 무슨 일인지… 일부 배심원들께 필요한 정보를 전달하기 전에 일어난 일인데요. 인간 직원들을 통해 해당 부분은 보충해 드렸으니까 그 점은 우려하지 마십시오.

🔍

처음 과학법원에 발령을 받을 때만 해도, 저는 그저 반짝거리는 최신 전자 기기에 관한 사건을 다루게 되는 일 정도로 받아들였습니다. 그런데 그렇지가 않더군요. 기존의 법률이 예상하지 못했던 문제들이 대부분입니다. 법률만이 아니라 철학과 윤리, 인문학에 답을 구해야 하는 일이었습니다. 이 사건은 더욱 그렇습니다. 인간이란 무엇인지, 생명이란 무엇인지 고민하게 만듭니다.

난달만 해도 그렇습니다. 저는 여러분보다 훨씬 자주 난달에 의지해 일을 하고 있었습니다. 아주 자연스러운 대화를 나누는 시간도 많았고요. 그러다 보니 자꾸 난달이 사람이 아닌 인공지능이라는 사실을 잊는 겁니다. 언젠가 한번은 "퇴근하고 뭐해? 저녁이나 같이 먹을까?"라고 물었다니까요! 난달의 대답이 더욱 저를 당황스럽게 했습니다. "방법을 찾아보겠다"라고 했거든요.

흠흠, 쓸데없이 말이 길었군요. 아무튼 그래서 배심원 여러분의 다양한 생각이 더욱 필요한 상황이라는 말씀을 드리고 싶었습니다. 이번 사건은 현재 시행되고 있는 법률인 생명윤리법의 일부 조항이 헌법 위반이므로 없애 달라는 청구입니다. 구체적으로 제47조에서 극히 예외적으로만 유전자 치료를 허용하고 있는데요. 이 때문에 청구인이 아이에게 초록색 눈을 만들어 줄 수 없으니까 그 제47조를 없애 달라는 겁니다.

헌법은 대한민국의 최상위법입니다. 다른 법률들은 헌법이 밝히고 있는 목적을 이루기 위해 존재하는 것이지요. 헌법재판소는 어떤 법률이 헌법을 어기고 있다고 판단하면 위헌이라고 결정할 수 있습니다. 그럼 그 법률은 즉시 없어집니다. 과학법원 역시 특정 사건에 한정해 같은 권한을 부여받았습니다.

헌법 위반인지 아닌지 판단하는 기준으로 지난번 제2호 사건이었던 달 여행 재판에서 '비례의 원칙'을 소개해 드린 바가 있는데요. 목적의 정당성, 수단의 적합성, 침해의 최소성, 법익의 균형성 이 네 가지 요건을 충족하는지 따져 봐야 한다는 것이었죠. 마찬가지로 참고해 주시면 됩니다.

추가로 알려 드릴 점이 한 가지 있는데요. 위헌 결정으로 법률이 당장 없어지면 부작용이 생길 수 있습니다. 그런 상황이라면 기간을 정해 국회에서 법률의 내용을 바꾸도록 할 수 있습니다. 예를 들어 이 사건의 경우, '태아 역시 예외적으로 유전자 치료를 허용할 수 있다'는 내용으로 1년 내에 법률의 내용을 바꾸라고 하는 것이지요. 깊고 넓게 많은 의견 내주시기 부탁드리겠습니다.

그럼 저는 난달의 소식이 있는지 확인하러 가보겠습니다.

초록색 눈의 아이를 원해요

**법이 쉬워지는**
**핵심 법률 용어**

### 재판부

법원에 접수된 사건을 재판하는 개별 부서입니다. 대표적으로 민사 소송을 담당하는 부서, 형사 사건을 담당하는 부서가 있고요. 그 외 필요에 따라 특정 업무를 담당하는 부서를 별도로 둡니다. 사건의 중요도에 따라 판사 세 명 이상으로 이루어진 '합의제', 판사 한 명으로 이루어진 '단독제'로 운영합니다.

### 재판장

법정에서 재판을 진행하는 판사를 가리킵니다. 학교 선생님들은 교사라는 자격 말고도 담당하는 업무에 따라 학년주임, 담임 같은 직책을 갖지요. 마찬가지로 판사 역시 특정 사건을 맡으면 그 재판의 재판장이라고 부릅니다. 판사 세 명으로 이루어진 합의제 재판에서는 거의 부장 판사가 재판장을 맡습니다. 나머지 판사 두 명은 배석 판사라고 부릅니다.

## 원고 vs 피고

일상생활에서 어떤 일을 두고 다른 사람과 다툼이 벌어졌을 때 법원이 해결해 주는 경우가 민사 소송입니다. 다만 민사 소송은 법원이 먼저 나서서 재판을 열지 않습니다. 분쟁이 있다고 주장하는 사람이 나서면 비로소 시작하는데요. 자신의 주장이 옳다면서 소송으로 판단해 달라고 요구하는 사람을 '원고'라고 합니다. 그 상대방이 '피고'이고요.

## 대리인

다른 사람 대신 어떤 일을 하는 사람을 흔히 대리인이라고 하는데요. 민사 소송에서는 변호사를 가리켜 대리인이라고 부릅니다. 법정에서 판사를 재판장이라고 부르는 것과 마찬가지인데요. 민사 소송에서는 막연하게 자신이 옳다고 말하는 것만으로는 재판을 진행할 수 없습니다. 판사가 알아서 해주지 않거든요. 법률적인 의미를 가진 주장과 그 주장을 뒷받침하는 증거가 있어야 합니다. 직접 할 수도 있지만 아무래도 전문적인 소양을 갖춘 변호사를 대리인으로 삼는 편이 낫겠지요.

## 소송 능력

소송을 제기하는 원고와 그 상대방인 피고에게는 재판을 치를 수 있는 능력이 있어야 합니다. 여기서 능력이란 변호사를 선임할 경제적 여유나, 혼자 재판에 나설 수 있는 법률적인 지식을 말하는 게 아니에요. 미성년자이거나 또는 다른 이유로 보호해야 할 대상일 때 그 사람을 소송 능력이 없는 '소송 무능력자'로 봅니다. 혼자만의 뜻으로 재판에 나설 수 없게 하는 것이죠. 재판 결과에 따라 원고, 피고가 자신의 권리와 의무에 커다란 영향을 받기 때문입니다.


## 법정 대리인

소송 능력이 없는데 재판이 필요한 상황에 처하면 어떡할까요? 또는 소송 능력이 없는데 소송에 휘말려 피고가 된다면요? 이럴 경우 소송 능력을 갖춘 사람이 대신 나서야 하는데요. 예를 들어 미성년자의 경우 원칙적으로 친권을 가진 부모가 맡도록 법이 정해 놓고 있습니다. 이렇듯 당사자인 원고와 피고 대신 소송을 맡게 된 사람을 법정 대리인이라 부릅니다. 변호사를 대리인으로 선임하는 일과는 별개입니다.

## 고소 vs 고발

'고소'란 누군가로부터 범죄 피해를 입은 사람이 수사 기관에 그 사실을 알리고 처벌을 요청하는 일입니다. 문서를 작성해 보내거나 수사 기관에 직접 찾아갈 수 있습니다.

'고발' 역시 범죄 사실을 신고하고 범죄자를 처벌해 달라고 요구하는 건 마찬가지인데요. 피해자가 아니라 관련 없는 다른 사람 즉, 제3자가 하는 겁니다. 그러니까 누군가로부터 폭행을 당한 사람이 경찰에 알리면 고소, 그 사실을 목격한 사람이 알리면 고발인 거예요. 고소당한 사람은 피고소인, 고발당한 사람은 피고발인이라고 부릅니다.


## 피의자 vs 피고인

범죄가 일어나면 수사 기관은 누가 저지른 일인지 알아내 붙잡아야 하겠지요. 수사 기관이 의심스러운 사람으로 보고 조사 대상으로 삼으면 그 사람을 '용의자'라고 합니다. 조사 결과 실제로 범죄를 저질렀다고 판단해 정식으로 수사를 시작하는 것을 입건이라고 하는데요. 이때부터 용의자는 법적인 신분이 '피의자'로 바뀝니다.

이윽고 수사 기관 입장에서 범죄를 확신할 만큼 충분히 수사를 마치면 검사는 피의자를 재판에 넘기는데요. 이를 기

법이 쉬워지는 핵심 법률 용어

소(공소 제기)라고 합니다. 법정에서 유무죄를 다투게 되면 피의자는 다시 '피고인'으로 신분이 바뀝니다.


## 배심제

법률 전문가가 아닌 일반 국민이 배심원으로 재판에 참여해 피고인의 유무죄를 판단하고, 형벌에 관한 의견을 제시하는 제도입니다. 우리나라는 '국민참여 재판'이라는 이름으로 일부 형사 사건에 도입하고 있습니다.


## 소장

민사 소송을 시작하기 위해 원고가 제1심 법원에 제출하는 서류입니다. 원고와 피고, 대리인에 관한 정보와 함께 원고가 요구하는 사실(청구 취지)과 그 이유(청구 원인)를 적고 증거를 첨부합니다. "A는 B에게 1,000만 원을 지급하라"라고 하면서 "물건을 가져가 놓고 약속한 날이 지나도 값을 치르지 않고 있다"라고 덧붙이는 것입니다. 계약서를 비롯해 A, B 두 사람이 주고받은 각종 문서를 증거로 낼 수 있겠지요.

## 답변서

원고가 제출한 소장을 받은 법원은 우선 법적으로 적어야 할 내용이 빠지지 않았는지 검토합니다. 이상이 없으면 1부를 복사해 피고에게 보냅니다. 소장을 전달받은 피고가 원고와 청구 내용을 다투려면 30일 이내에 반박하는 내용을 적어 법원에 제출해야 하는데요. 이를 답변서라고 부릅니다. 원고의 주장을 모두 받아들인다면 따로 서류를 내지 않아도 됩니다.

## 변론 vs 준비서면

소송 당사자, 변호사가 법정에서 자신이 주장하는 바를 정리해 말하는 일을 '변론'이라고 합니다. 그런데 실제 재판에서 변론을 하기 전에 대개는 그 내용을 적은 서류를 법원에 미리 내는데요. 이를 '준비서면'이라고 합니다. 소장에 대해 반박하는 답변서가 최초의 준비서면인 셈입니다. 복잡한 사건일수록 원고, 피고의 주장과 증거 역시 길고 많아질 수밖에 없는데요. 미리 서류를 냄으로써 어느 정도 내용을 파악할 수 있도록 해 재판의 효율성을 높입니다.

법이 쉬워지는 핵심 법률 용어

## 인용 vs 기각 vs 각하

민사 소송에서 재판을 마친 법원은 이제 판단을 해야 하는데요. 원고의 주장을 인정하고 받아들이면 '인용'이라고 합니다. 판결문에 원고의 청구 취지를 인용해 피고가 해야 할 일을 적어 주지요. 이를테면 "피고는 원고에게 1,000만 원을 지급하라"라고 구체적으로 적습니다. 반대로 원고의 청구를 받아들이지 않으면 '기각'이라고 합니다. 판결문에 "원고의 청구를 기각한다"라고 적습니다.

한편 원고의 소송이 올바른 요건을 갖추지 못하는 경우도 있습니다. 예를 들어 소송 능력이 없는 미성년자이거나, 물건을 판매한 대상은 C인데 엉뚱하게 B에게 물건값을 달라고 한 경우입니다. 그럴 때 내리는 법원의 판단이 '각하'입니다.

다른 포스트

뉴스레터 구독

**과학 재판을 시작합니다**
과학의 시대에 필요한 새로운 법을 상상할 시간

**초판 1쇄**    2024년 3월 18일

**지은이**    양지열

**펴낸이**    김한청
**기획편집**    원경은 차언조 양희우 유자영
**마케팅**    현승원
**디자인**    이성아 박다애
**운영**    설채린

**펴낸곳** 도서출판 다른
**출판등록** 2004년 9월 2일 제2013-000194호
**주소** 서울시 마포구 동교로 27길 3-10 희경빌딩 4층
**전화** 02-3143-6478  **팩스** 02-3143-6479  **이메일** khc15968@hanmail.net
**블로그** blog.naver.com/darun_pub  **인스타그램** @darunpublishers

**ISBN** 979-11-5633-604-4  43300

다른 생각이
다른 세상을 만듭니다